© Buzz Editora, 2021

Publisher ANDERSON CAVALCANTE
Editora TAMIRES VON ATZINGEN
Assistente editorial JOÃO LUCAS Z. KOSCE
Projeto gráfico ESTÚDIO GRIFO
Assistentes de design NATHALIA NAVARRO, FELIPE REGIS
Preparação ANTONIO CASTRO
Revisão LIGIA ALVES, BEATRIZ GIORGI

Dados Internacionais de Catalogação na Publicação (CIP)
de acordo com ISBD

T772c
Tranjan, Roberto
*Capital Relacional: a estratégia de resultados
da nova economia* / Roberto Tranjan
São Paulo: Buzz Editora, 2021
272 pp.

ISBN 978-65-80435-64-7

1. Gestão. 2. Negócios.
3. Mercado. 4. Capital Relacional. I. Título.

2021-438	CDD 658.401
	CDU 658.011.2

Elaborado por Vagner Rodolfo da Silva CRB-8/9410

Índice para catálogo sistemático:
1. Administração: gestão 658.401
2. Administração: gestão 658.011.2

Todos os direitos reservados à:
Buzz Editora
Av. Paulista, 726 – mezanino
CEP: 01310-100 São Paulo, SP

[55 11] 4171 2317
[55 11] 4171 2318
contato@buzzeditora.com.br
www.buzzeditora.com.br

CAPITAL RELACIONAL
ROBERTO TRANJAN

*Para você que elabora a teia humana,
entrelaçando seus fios aos de quem
igualmente pratica relações virtuosas.*

9 Os fins e os meios

11 I A NOVA FÓRMULA DO LUCRO

1   A medida da ambição
2   O fiel da balança
3   O poder posicional
4   O inverno rigoroso
5   A miopia de mercado
6   O mundo dos mortais
7   O poder relacional
8   O único tipo de controle
9   A maldição do ponto cego
10 Além da superfície
11 A desejada reviravolta
12 Aquele que não quer ver
13 A humanização necessária

59 II A REVIRAVOLTA AIA

14 A mágica transformadora, primeira semana
15 O outro lado do balcão
16 Oposição e conexão
17 A primeira súplica
18 Olhar enviesado, segunda semana
19 Além do que se vê
20 O fio da coerência
21 Energia quase em alta
22 Um dom natural
23 A almejada cumplicidade
24 A segunda súplica
25 Aos pares, terceira semana
26 Uma dose de humildade
27 A terceira súplica
28 As lições da natureza
29 Frio na barriga, quarta semana
30 O impulso da curiosidade
31 O mundo dos humanos
32 A quarta súplica
33 Doença não é enfermidade
34 O voo rasante
35 Significados compartilhados
36 Comensais de ouro e marfim
37 O resultado na ordem do dia
38 A ilustre desconhecida
39 A quinta súplica

181 III A ALMA NO NEGÓCIO

40 As vozes humanas
41 Para além das miragens
42 Vozes coerentes
43 Uma nova alcunha,
sexta semana
44 As camadas da cebola
45 A sexta súplica
46 Porta de entrada,
sétima semana
47 A mensagem do líder
48 A tecnologia e o
hambúrguer
49 Paz sim, mitigação não
50 A sétima súplica
51 De outra ordem

237 IV GESTÃO E APRENDIZAGEM

52 A virada de chave,
última semana
53 A métrica ICR
54 A oitava súplica
55 A cadeira vazia
56 Cultura de
relacionamento
e resultados

261 Epílogo
Onde está, mesmo, a alma?

267 Referências bibliográficas

269 Agradecimentos

OS FINS E OS MEIOS

Construção de cenários, estatísticas, análises retrospectivas de resultados, projeções e estimativas. Tudo sobre a mesa, na sala de reuniões, além dos celulares, tabletes e notebooks, papéis e canetas, xícaras de café, copos e jarras d'água, balas e cereais. O horário da manhã se estende para a tarde, atropelando o almoço. Executivos debatem estratégias para aumentar as receitas e maximizar os resultados. Quem desconhece essa rotina estafante, e muitas vezes improdutiva?

Enquanto isso, a alguns metros de distância, na sala ao lado ou em outros andares, vendas e resultados são perdidos repetidas vezes ao dia. Clientes vão embora para nunca mais voltar – sem que alguém sequer note, se importe ou evite que aconteça. Geralmente ninguém tem consciência das perdas contínuas, sem a mínima chance de aprender algo capaz de alterar essa realidade "invisível".

Enquanto isso, no centro das decisões, as campanhas são sonhadas e lastreadas por largos investimentos, e no centro das operações vazam clientes, receitas e resultados.

Onde está o problema?

No início era o mercado – um ambiente livre de compra e venda –, até que surgiu a ciência econômica com suas políticas e o mercado nunca mais foi o mesmo.

No início era o negócio, até que a ciência da administração criou a empresa, impondo suas normas, e o negócio nunca mais foi o mesmo.

No início era a pessoa, com suas necessidades e desejos, até que produtos e serviços se sobrepuseram a ela, e as relações nunca mais foram as mesmas.

Os fins deram lugar aos meios, e as primeiras intenções foram sufocadas por segundas intenções.

O Capital Relacional surge para fazer pessoas, negócios e mercados retornarem à sua verdadeira natureza. Uma retomada do essencial, do que realmente importa.

Talvez seja algo muito conhecido por pessoas de negócios, empresários, empreendedores e gestores bem-sucedidos. Acontece que uma coisa é saber, outra é transformar o conhecimento em uma cultura que coloque o relacionamento em seu devido e nobre lugar.

Capital Relacional – o livro – oferece um modelo de gestão e aprendizado que orienta lideranças intermediárias, aquelas que estão, com suas equipes, na linha de frente, justamente onde os resultados acontecem. É o espaço sagrado dos momentos da verdade, em que se ganha ou se perde um cliente, provisória ou definitivamente.

Capital Relacional – o conceito – deve fazer parte da estratégia de negócios de todas as empresas, até que se transforme em cultura.

Capital Relacional – o indicador – é ferramenta de gestão e aprendizado para que os gestores possam surpreender clientes, colaboradores, superiores e a si mesmos, certos de que a qualidade dos resultados, dos negócios e da vida, em todas as suas esferas, está nas relações humanas.

Roberto Tranjan
verão de 2021

A NOVA FÓRMULA DO LUCRO

1

"SOMOS RELAÇÃO."

DONA ÁUREA

1 A MEDIDA DA AMBIÇÃO

– Meu Deus! Consegui!

Naquela manhã radiante de outono, Jarina soube que havia sido aprovada nas entrevistas e testes de seleção da Zênite. Ela procurava emprego havia dois anos, desde que concluíra a faculdade. Aceitaria outras opções, mas o seu maior desejo era trabalhar naquela empresa, a mais cobiçada, o assunto entre os estudantes nos intervalos das aulas e o sonho de todo jovem universitário que deixava as salas de aula para enfrentar o mundo corporativo.

A parte externa da sede da subsidiária norte-americana no Brasil lembrava um clube de campo, com ampla vegetação, espaços esportivos, quiosques para alimentação, bicicletário, wi-fi em toda a área de convivência e até canil para que os funcionários pudessem levar seus cães. Jarina ficou impressionada com tudo aquilo. O interior também era surpreendente: cafeteria, sala de descompressão e de massagens. Tudo concorria para justificar a ambição coletiva.

Jarina conseguiu a vaga no setor de RC – Relação com o Cliente. A princípio, atuou como atendente e, havia cerca de dois anos, conquistara a posição de gestora da área. Deu-se o direito de viver intensamente a emoção quando lhe disseram: "Essa é a sua sala". O conforto foi um incrível bônus, aliado à vitória de estar onde sempre sonhou. Representava, sobretudo, o reconhecimento de seu chefe como a atendente de maior potencial da empresa e a promessa de uma carreira meteórica.

Com a promoção, Jarina ainda passou a contar com a assistência médica estendida para a sua mãe, dona Áurea. Depois que enviuvara, ela tinha sido diagnosticada com uma doença degenerativa autoimune. Assim, aquele emprego tão almejado acabou por suprir outra necessidade básica, além da sobrevivência. O salário de Jarina bancava os remédios importados dos quais dependia sua mãe, e de quem ela cuidava. Filha única, destinava à dona Áurea boa parte de seus rendimentos, dedicando a ela o tempo que restava dos seus dias agitados.

Como a boa empresa antenada que era, em dia com o progresso tecnológico, a Zênite mantinha os hábitos de compra dos clientes mapeáveis, classificáveis e mensuráveis em tempo real. Seu marketing era realizado de forma precisa e cirúrgica.

Ao assumir, com entusiasmo, o setor de RC, Jarina passou a liderar uma equipe de doze atendentes, responsáveis por monitorar os milhares de clientes espalhados pelo país para que retornassem às compras. De maneira bem competente, a companhia costumava manter em alta o Índice de Conversão – medida do retorno às compras da parte dos clientes. Tamanho desempenho não se restringia ao contato pessoal, ainda que a distância, mas também à eficácia da tecnologia de apoio desenvolvida nos Estados Unidos, a principal ferramenta de gestão usada.

Jarina lembrava muito bem de seus afazeres anteriores e posteriores à promoção, na mesma área. A princípio, sua tarefa era contatar os clientes afastados, dando incentivos ao retorno deles. De uns tempos para cá, no entanto, o Índice de Conversão ficava menor a cada mês. Como gestora, suas tarefas aumentaram bastante. Eram relatórios a preencher, números a acompanhar, metas a alcançar. Boa parte de sua intensa jornada diária se concentrava nessas obrigações, principalmente em assegurar as metas mensais, trimestrais, semestrais e anuais do Índice de Conversão. Nem sempre ela conseguia sair no horário e não foram poucas as vezes em que fez serões atravessando a noite, esforçando-se ao máximo para cumprir o esperado. Naquela noite, por exemplo, conseguiu fechar o expediente antes das 20h, para ter uma surpresa.

– Muacy, o que está fazendo aqui?

– Você não responde as minhas mensagens nem atende minhas ligações, então resolvi saber o que está acontecendo – argumentou, enquanto descia do carro estacionado em frente ao portão de saída dos funcionários.

Ombros largos, com uma beleza discreta, um pouco acima do peso, alguns anos mais velho do que Jarina, o rapaz, mesmo hesitando, acabou lhe dando um abraço. Rever a namorada era tudo o que queria. Tudo o que ela menos queria, no entanto, era encontrá-lo. Seu desejo era ir logo para casa, ver e cuidar da mãe.

– O que está acontecendo? – ele quis saber.

– Trabalhando muito, a pressão está cada vez mais alta.

– Mas você sempre consegue chegar aonde é preciso – ele retrucou, enquanto abria a porta do lado do passageiro. – Entre, posso deixá-la em casa.

Muacy era apaixonado por Jarina, de quem admirava profundamente os cabelos escuros, fartos e brilhantes, as bem delineadas curvas do corpo e aquele jeito imponente de caminhar.

– Não tenho atingido as metas ultimamente. O Índice de Conversão tem caído a cada mês.

– Trabalho, trabalho, trabalho, você não pensa em outra coisa. Dá um tempo para...

– ... e lá vem você de novo – ela respondeu, mal-humorada.

– Você vive querendo completar as minhas frases e nem sempre acerta. Eu ia dizer...

– Não consigo parar de pensar em como posso encontrar maneiras de estimular as compras – respondeu, indiferente ao comentário de Muacy. – E você, tem alcançado as metas? – ela perguntou, provocativa.

Jarina achava Muacy devagar, sem ambição e avesso a desafios, justamente o oposto dela. Herdeiro da Magalhães, empresa industrial familiar de porte médio fundada pelo avô dele, o rapaz vivia o mundo corporativo ao seu modo. Liderava a área de Tecnologia da Informação – TI, embora não tivesse formação específica.

A empresa acessava o mercado por meio de uma rede de representantes, alguns do tempo do empreendedor. Embora criada havia muito tempo, a Magalhães ainda não vivera a transição de firma para empresa.

– Estamos vivendo um novo momento, com a implantação de um sistema integrado de gestão que vai unificar todos os demais.

Jarina pensou numa porção de ferramentas da Zênite que poderiam ajudá-lo bastante na introdução da novidade, mas achava inútil falar a respeito. Ela sabia que Muacy era competente e até muito bem-educado, mas se sentia incomodada com a limitação de horizontes dele, mesmo gerindo uma área de ponta.

– Tecnologia ajuda muito! Não imagino como a vida era antes dela – comentou, enquanto verificava as mensagens no celular.

– Sabe, Jarina, só consigo pensar em você passando o dia inteiro na tela do computador analisando números, clicando aqui e ali. Quando não é o computador, é o celular, lendo e enviando mensagens, emojis, com carinhas feias ou sorridentes, redes sociais... Depois da promoção você ficou muito sem graça.

Jarina continuou atenta ao celular. Não parecia dar a mínima para o comentário de Muacy. De fato, depois que entrou na Zênite, muitas de suas referências de vida haviam mudado. Considerava seu trabalho cheio de glamour, muito diferente do entediante mundo lá fora. E Muacy fazia parte dele.

– E como está sua mãe? – ele tentou, com êxito, puxar outro assunto, na esperança de que rendesse conversa.

– Por enquanto está bem, mas a doença tende a se agravar. E não há o que fazer, apenas continuar tomando os remédios, que só atenuam a evolução e retardam a piora. Eu me preocupo com ela e a amo demais. É a minha melhor amiga.

– Poxa, sinto muito – ele murmurou, enquanto estacionava em frente à casa de Jarina. – Pode ir, sei que é o que você quer.

– Acertou – ela comentou, ao beijar de leve o namorado, antes de sair rapidamente do carro. Sequer agradeceu a carona.

Muacy esperou receber um último aceno. Em vão. Jarina entrou sem olhar para trás.

2 O FIEL DA BALANÇA

Dona Áurea não cabia em si de tão contente quando soube que Jarina havia entrado na Zênite, e ficou ainda mais feliz com a promoção. Foi um tremendo alívio ter a assistência médica estendida. Por tudo isso, louvava a empresa por existir e acolher sua filha.

Enfrentava a doença com muita coragem e não se deixava abater. Continuava apaixonada pela vida, com um entusiasmo contagiante. Era uma pessoa consciente de tudo ao seu redor, além de expressar uma beleza especial, mais interior do que exterior, embora tivesse preservado traços de boniteza no rosto marcado pelo tempo.

Grandes e expressivos olhos azuis, cabelos brancos sempre presos e o batom realçando a pele clara, dona Áurea gostava de se manter elegante mesmo que fosse para ficar em casa. Não fraquejava nem mesmo quando os sintomas da doença se manifestavam com mais intensidade, nos formigamentos que sentia nos pés e nas pernas.

O melhor momento do seu dia era a chegada da filha. Não se importava com os atrasos constantes, devidos aos serões. Às vezes a filha até dormia fora de casa, sempre tendo o cuidado de telefonar, avisando. Atenta aos ruídos da rua, sabia quando se tratava de Jarina diante da porta de entrada. Seu coração vibrava de alegria.

Nascida em uma cidade do interior, filha de modestos comerciantes, dona Áurea mantinha os hábitos simples de quem não precisa de muito para viver. Gostava de fazer os pães em casa, bem como a massa e o molho do macarrão, mantendo a tradição de sua ascendência italiana. Depois que se casou, enfrentou sem queixas a constate instabilidade financeira do marido, que vivia mudando de emprego. Ambos levavam uma vida austera, sem luxos nem supérfluos, o dinheiro sempre na medida, apenas para o essencial.

Jarina nasceu e cresceu nesse ambiente sem lugar para excessos. Guardou na memória os alertas ouvidos na infância sobre "apertar o cinto" pois "papai está novamente desempregado".

A experiência lhe deu uma certeza: jamais passar pelas agruras de seu pai, sem formação acadêmica e obrigado a pular de galho em galho, à mercê das reduções de pessoal que ceifavam os mais vulneráveis nas empresas. Sem nunca ter obtido realização pessoal no trabalho, Janos faleceu três anos depois de ter se aposentado. Por tudo o que Jarina assistiu e vivenciou, não queria repetir a saga do pai. Estudou e se preparou para vencer.

Ao longo do tempo, nunca viu sua mãe reclamar da vida, do marido, das finanças. Ao contrário, dava graças a Deus, como dizia, porque não faltara mistura nas refeições, nem pão à mesa, embora nem sempre com manteiga, é verdade.

Dona Áurea tinha orgulho da filha, do empenho com que se dedicava aos estudos, de maneira a garantir a vaga na faculdade para a área escolhida, e do sucesso quando conquistou o emprego tão ansiado. Jarina era sua joia mais preciosa, a razão do seu viver.

Talvez pela experiência como filha de comerciantes, sempre disposta a ajudar os pais na venda de secos e molhados, ou por mero bom senso, dona Áurea possuía uma sabedoria natural para os negócios, algo que surpreendia Jarina. De vez em quando fazia sugestões muito interessantes. Quando foi promovida a gestora, por exemplo, a mãe lhe recomendou que não esquecesse o fiel da balança.

"Fiel da balança?", Jarina estranhou a primeira vez que ouviu o termo, mas nunca esqueceu da analogia. Claro, a mãe explicou muito bem a que se referia com o alerta bem oportuno.

Na infância, Áurea costumava ficar sentada sobre os sacos de arroz, milho ou amendoim, apreciando o movimento no armazém. Tinha especial predileção pelo momento em que os produtos eram pesados, nas balanças mecânicas antigas, com dois pratos. Ela descrevia a coisa mais ou menos assim: em um deles era colocado o peso padrão e, no outro, a mercadoria a ser comprada. Quando ambos ficavam na mesma altura era sinal de que a quantidade de mercadoria tinha o peso correto. O fiel da balança era o ponteirinho que indicava o equilíbrio.

Dona Áurea contava essa história para que Jarina compreendesse o seu novo desafio, que a filha depois batizou de efeito-sanduíche, ou seja, a gestão de duas expectativas. Situada no meio, era pressionada tanto pelos que estavam acima, para que maximizasse continuamente os resultados, quanto pelos que estavam abaixo, para que mantivesse a qualidade das relações.

De fato, Jarina notava que gestores malsucedidos se inclinam mais para um lado do que para o outro. Se pendem para os resultados, na ânsia de atender seus superiores, transformam inevitavelmente os seus subordinados tentando atingir os fins almejados pela alta liderança. Se pendem para o lado das relações, na busca de conquistar a simpatia dos colaboradores, são malvistos por seus superiores, distanciando-se dos resultados dos negócios em troca de criar uma confraria.

Os melhores gestores são os fiéis da balança. Sabem encontrar o equilíbrio entre os dois pratos: os resultados e as relações. Não excluem uma das partes ao enaltecer a outra.

Jarina sempre lembrou da lição, mas achava muito difícil implementá-la sob a liderança de Kiran, o homem-chave que conduzia a companhia com braço de ferro.

3 O PODER POSICIONAL

Quando estava na faculdade, Jarina imaginava uma organização como o Olimpo, a montanha mais alta da Grécia, habitado no topo pelos deuses, logo abaixo pelos semideuses e, na base, por heróis e mortais.

Para ela, os CEOs eram os deuses. Depois de tomarem os elevadores a cada manhã, envolviam-se com infinitas reuniões lá nas nuvens, longe de onde a vida acontece, cá na Terra, no mundo dos mortais.

Isso quando estão nas sedes corporativas e em seus gabinetes, geralmente amplos e imponentes. Nos outros dias, vivem como nômades, refugiando-se nas salas VIPs dos aeroportos e voando acima de turbulências, rumo a hotéis em que a opulência está garantida, para comparecer a feiras, simpósios, conferências e convenções.

Mesmo com todo esse aparato, o chão parece estar sempre tremendo sob os seus pés. Por isso, a palavra mudança retorna todos os anos, quando é realizado o planejamento estratégico. Da mesma forma, são frequentemente revisitados termos como romper paradigmas, rever pressupostos, avaliar as tendências, analisar a concorrência e compreender o último modismo do *management*.

Envolvidos com a esfera econômica da existência, os CEOs das grandes organizações chegam a superar chefes de Estado em poder. Ser um deles tornou-se a senha para entrar no mundo do mercado e da meritocracia, como garantia para a prosperidade.

Alfred Kiran era um desses e não seria o homem-chave da Zênite para a América Latina não fosse a sua dedicação exclusiva como representante incontestе da cultura da empresa.

Nem alto nem baixo, olhos miúdos, porém firmes, Kiran era uma referência de executivo e de sucesso na carreira tanto para os estudantes de administração como para outros líderes e empresas. Mantinha presença marcante na mídia de negócios e trafegava com desenvoltura nas redes sociais, para deleite dos seus milhões de seguidores.

Kiran tinha feito carreira na Zênite. Começara cedo na subsidiária brasileira e a diretoria havia apostado em seu empenho e preparo, levando-o a ocupar a área de tecnologia na matriz norte-americana. Lá, durante três anos, tinha absorvido a cultura da companhia, aprimorado o inglês fluente e hoje era considerado um homem-chave como CEO para a América Latina.

Regalias e primazias tinha de sobejo. A posição de relevo abriu-lhe várias portas, até porque a companhia esteve sempre presente com destaque nos vários rankings promovidos pelas revistas de negócios – as mais admiradas, as mais inovadoras, os lugares preferidos para se trabalhar –, além de ganhar prêmios oferecidos por câmaras, associações, federações e afins.

O restrito mundo dos CEOs, antes um território bem masculino, vinha abrindo espaço para as mulheres, e Jarina ambicionava o poder posicional. Apreciava muito as primazias do cargo de gestora, mas sabia que podia ir além. Ambição não lhe faltava. Passou a sonhar com o topo do Monte Olimpo, ansiando por vivenciar aquelas reuniões nas nuvens, distante de onde a vida real acontece, no reles e enfadonho mundo dos mortais.

4 O INVERNO RIGOROSO

– Demitida.

Jarina estremeceu. Não podia nem queria acreditar no que ouvia. Pega de surpresa, tentou conter o espanto e o choro. Como assim, mandada embora da empresa dos seus sonhos, onde fazia uma carreira promissora?

Diante do silêncio e do olhar perdido de Jarina, a mensagem foi repetida com mais firmeza na entonação:

– Espero que tenha ouvido bem: você está demitida.

Embora tivesse promovido Jarina havia dois anos, valorizando com justa razão suas competências e os resultados do trabalho impecável que realizava, Kiran foi direto ao ponto, sem titubear, quando anunciou a decisão à jovem funcionária cuja ambição conhecia e até admirava. Homem de confiança, Kiran não pensava duas vezes ao defender com braço forte os interesses da companhia.

– Uma boa atendente não é, necessariamente, uma boa gestora. É claro que as suas responsabilidades aumentaram, as metas se elevaram, mas nossos produtos são os melhores do mercado e você conta com uma equipe bem preparada para ajudá-la. Com todos esses trunfos, o que aconteceu? Fomos perdendo continuamente, mês a mês, tanto nossa habitual parcela de mercado quanto a lucratividade. Os números dizem tudo.

Parecia um pesadelo. Ela havia se dedicado muito, empenhando toda a sua vida naquele emprego. Encolheu-se tanto na cadeira que sua estatura mediana parecia diminuir, de tão acabrunhada que ficou. Logo ela, impetuosa, dinâmica, capaz de tocar sete instrumentos ao mesmo tempo, tal a sua capacidade de realização e energia para liderar vários projetos simultâneos. Foi por ser combativa e competitiva que conquistara a promoção tão ambicionada. Paradoxalmente, foi também o que a derrubara logo no segundo degrau de uma escada que, esperava, iria conduzi-la ao topo do Monte Olimpo.

– O papel do gestor é produzir resultados – lembrou Kiran, como se Jarina não soubesse. Depois de uma breve pausa, acrescentou friamente: – Vamos fechar todas as unidades deficitárias. Se as receitas não crescem, o jeito é reduzir as despesas. Pura matemática, não há segredos. E é o que estamos fazendo: ajustando a equação.

Ainda muito aturdida, Jarina fazia um retrospecto mental, para entender a realidade. Não parecia possível que dois anos antes ela tivesse sido enaltecida como uma profissional exemplar a ponto de conquistar um cargo, e agora estivesse sendo posta no olho da rua. Queria dizer alguma coisa, quem sabe útil para demover Kiran, mas estava em transe. Justo ela, tão convincente nas comunicações, permanecia sem palavras.

Várias coisas passavam por sua cabeça, a começar pela triste trajetória do pai. A comparação, a seu desfavor, fazia sentido para ela. A tendência, então, seria a das demissões sucessivas sem chance de subir mais um degrau sequer. Era como se os demais degraus da escada imaginária tivessem desaparecido por completo, deixando apenas o vazio. Lutava contra seus medos, dentre eles o da rejeição, agora acionado por conta da demissão.

Não se tratava de um mero desligamento. Havia apostado todas as fichas naquele trabalho, ao longo dos últimos quatro anos desde o seu ingresso como estagiária e depois como atendente. Em menos de cinco minutos, todo aquele sucesso desmoronou. Era como se nunca tivesse existido.

Jarina pensou na mãe, na impossibilidade de continuar com o mesmo padrão de atendimento médico, nos caríssimos remédios importados. Fora suas próprias perspectivas, aquilo fazia a notícia da demissão cair como uma hecatombe. Não tinha palavras para expressar a frustração, a indignação, o sentimento de fracasso. Kiran, por sua vez, não estava mesmo disposto a escutá-la. Tinha mais o que fazer, diante da pressão da matriz para que os resultados melhorassem. Como sempre, não havia tempo a perder.

– Segunda-feira venha buscar suas coisas – disse, seguindo para a sala de reuniões, onde já o aguardavam.

Era o sombrio final de uma sexta-feira fria. Jarina se retirou sem conversar com ninguém. Desceu ao térreo. Atravessou o átrio de oito metros de altura ouvindo o barulho dos saltos de seus sapatos sobre o piso de mármore. Antes de passar pela porta giratória de saída, releu mais uma vez os valores da companhia cunhados na parede do hall de entrada. Lá fora, respirando o ar do começo da noite, desabou em lágrimas quando avistou a fachada da empresa estampando a soberba logomarca que imaginava fazer parte de seu futuro glorioso. Engolindo em seco, assumiu a realidade, para viver as consequências do sonho interrompido.

Jarina atravessou o estacionamento com o frio soprando em suas orelhas. O inverno fazia a sua parte.

5 A MIOPIA DE MERCADO

Jarina não queria preocupar sua mãe nem demonstrar fraqueza. Precisava se recompor. Certa de que um ombro amigo seria um porto seguro, pensou em quem poderia ajudá-la agora. Fazia tempo que não ligava para Muacy, sempre assoberbada com o trabalho. Havia dias não atendia nem respondia às ligações e mensagens dele, como de hábito.

Ninguém seria melhor do que ele. Era a pessoa ideal, sempre tolerante com as idas e vindas do namoro e com o humor oscilante de Jarina. Dito e feito! Ele aceitou, alegremente, o convite da namorada para um encontro na hamburgueria que frequentavam de vez em quando.

– A decisão de Kiran veio pronta, seca, sem espaço para questionamentos – disse, inconformada, desabafando de supetão.

Muacy segurava as mãos dela, paciente e solidário. Jarina, finalmente, conseguia dizer tudo o que pensara antes, quando ainda estava sem ânimo para abrir a boca.

– Eu até concordo com os argumentos dele, porque as metas realmente não foram atingidas, mas faltou consideração com o meu empenho, dedicação e compromisso. Tantas noites sem dormir à base de energéticos, balas e café para nada.

– Eu sou testemunha disso – admitiu Muacy, ele também se sentindo vítima do que ambos consideravam injusto.

– Metas! Metas! Metas! Só se fala em metas! – ela se exaltou.

– Não é diferente na Magalhães: metas de produção, metas de faturamento, metas de qualidade... é assim que as coisas funcionam em todos os lugares!

– E funcionam por lá?

Muacy ficou quieto, apenas pensando a respeito. Fizeram o pedido. Enquanto aguardavam o preparo dos sanduíches, em pé, encostados ao balcão, Jarina comentou, finalmente dando a informação que havia mantido para si mesma até aquele momento:

– Os produtos e serviços da Zênite não estão mais correspondendo às expectativas dos clientes, mas a diretoria não enxerga.

– A Zênite continua líder de mercado, eles sabem o que fazem – Muacy arriscou opinar, certo de que a empresa estava cinquenta anos à frente das outras.

– O mercado mudou muito, mas a liderança não percebe – contrapôs Jarina.

Para Muacy, entretanto, a Zênite era uma referência. Assim, ele insistiu:

– Não concordo com você. Acho que eles se prepararam para os novos tempos – Muacy queria argumentar mais do que contrapor. – O e-commerce, as vendas on-line, as redes sociais, os investimentos em tecnologia, tudo isso mostra uma empresa bem conectada com a atualidade.

– Mas há algo além disso tudo e que não estamos compreendendo direito. O fato é que os clientes estão indo embora e não soubemos responder à altura. Se vão em busca de alternativas é porque a Zênite não as oferece. A concorrência se ampliou muito nos últimos anos. Estamos diante de um ponto cego.

– Acho muito difícil uma empresa como a Zênite estar cega diante de todas as mudanças no mercado – Muacy continuou, embora também estivesse disposto a compreender as razões da demissão de Jarina. – Os caras lá de cima não costumam errar a pontaria.

Quando os sanduíches ficaram prontos, Muacy e Jarina se acomodaram nos bancos diante da mesa fixa, revestida de fórmica.

– Kiran pegou pesado comigo – ela comentou, quase sussurrando.

– Ele é considerado um mestre quando se trata de gestão – disse Muacy, reforçando os próprios argumentos. – Suas palestras estão sempre cheias e não perco uma entrevista dele.

– Sim, é competente, sem dúvida, mas leva a palavra *resultado* estampada na testa. Para ele, nada mais importa – acrescentou Jarina.

– Ele é a mesma pessoa que promoveu você!

– Lembro muito bem, mas certamente não foi pelos meus lindos olhos nem pelo nariz arrebitado. Eu atingia todas as metas no começo.

– E o que aconteceu de lá para cá que mudou tanto esse cenário promissor?

– O desafio era bem complexo. Eu tinha uma equipe para liderar. Uma coisa é conseguir os resultados por sua conta e risco, como parte de um grupo, outra é fazer outras pessoas também terem sucesso. Eu nunca havia liderado ninguém. Foi a minha primeira experiência como gestora. Kiran poderia ter sido mais complacente.

– Mas a matriz também não deve ser muito complacente com ele.

Enquanto Jarina limpava o rosto sujo de ketchup com o guardanapo, Muacy tratava de se livrar da mostarda nos lábios. Ao mesmo tempo, tentou mudar de assunto para amenizar o constrangimento daquele tema tão delicado.

– Nosso primeiro encontro foi em uma lanchonete, lembra?

Jarina assentiu com a cabeça. Muacy persistiu no assunto bem pessoal, na esperança de aliviar os ressentimentos da namorada.

– E foi nesse dia que rolou nosso primeiro beijo – ele evocou a lembrança com um sorriso, mostrando os dentes claros e perfeitos, em contraste com a tez morena.

Jarina correspondeu da mesma forma, mas o breve sorriso não escondia a tristeza em seu olhar.

– Faz tempo que a gente não sai para caminhar, juntos, ao ar livre. Vamos combinar um dia? – Muacy aproximou-se, tocando levemente os lábios dela, não sem notar a lágrima solitária que percorria aquele rosto tão bonito.

6 O MUNDO DOS MORTAIS

– ... e foi assim, mamãe, nunca pensei em ouvir esta palavra: *demitida* – Jarina finalmente contou e, aos prantos, se aninhou no colo da mãe, no sofá.

Dona Áurea escutou em silêncio, enquanto afagava os cabelos da filha. Se o fato era novo para a jovem, aquela senhora o conhecia muito bem, já que ouvira tantas vezes do marido notícias semelhantes. Mas ela sabia que ambos eram muito diferentes. Janos não tivera a chance de estudar, preparando-se para melhores postos de trabalho, nem tinha a mesma dedicação aos empregos, sempre considerados meras boias para assegurar a subsistência. Sobretudo, jamais tinha ouvido os conselhos da mulher.

A notícia não abalou dona Áurea como Jarina temia.

– Filha, tem algo que você não está compreendendo e, possivelmente, nem o senhor Kiran.

– E o que é?

– Depois de promovida a gestora, como foram os seus dias? O que você tinha de fazer?

– Preenchia relatórios para a diretoria, avaliava as estatísticas, monitorava o Índice de Conversão, alertava a equipe, tratando de ajustá-la ao desafio sempre que o índice caía, recebia e informava a matriz sobre o desempenho do setor, participava de reuniões, entre outras tarefas. Isso consumia todo o tempo disponível.

– Como é mesmo o nome do seu setor? – perguntou a mãe, como se não soubesse.

– Relacionamento com o Cliente.

– Então, o que você tem feito diariamente pode servir para muita coisa, menos para o cliente.

– Mas eu tenho uma equipe para isso.

– Muito bem... pelo que você diz, as pessoas da sua equipe também não fazem o que deveriam. Apenas agem mecanicamente, de acordo com algo definido pela empresa, ao constatar que os clientes foram embora. Tudo o que querem é trazê-los de volta às compras, nada mais. É isso o que vocês chamam de relacionamento com o cliente?

Jarina não estava entendendo aonde a mãe queria chegar, mas parou de chorar. Agora estava curiosa. Quer dizer que dona Áurea se atrevia a achar errado o jeito de a Zênite atuar? Que ousadia, pensou, mas não disse.

– No tempo do armazém dos meus pais, eles se relacionavam de verdade com os clientes. Sabiam o nome de cada um, conheciam suas famílias e preferências. E, claro, vendiam fiado, naquele sistema de caderneta. O que valia era a honra, o fio do bigode.

– Mamãe, isso foi lá no interior, em uma cidadezinha e no tempo do onça.

– É verdade, mas o cliente continua tendo a mesma importância, minha filha. A confiança mútua continua sendo fundamental, seja no passado ou no presente. Nunca vi nenhum freguês da nossa venda desconfiar das balanças mecânicas daquela época. Embora não tivessem a precisão das atuais, ninguém duvidava do fiel da balança.

Jarina estava cada vez mais interessada. O olhar de vítima deu lugar a um brilho muito particular. Redobrou a atenção.

– Filha, o comércio faz parte da história da humanidade, na essência nada mudou. Ainda é gente lidando com gente. Negócios são relacionamentos.

– Mamãe, o que é isso? A senhora sempre se manteve atualizada, leu bastante, mas quase não acredito no que estou ouvindo... – ela admitiu, um tanto exaltada.

Jarina se levantou e dona Áurea aproveitou para sair do sofá, acomodando-se na cadeira de balanço de que tanto gostava. E continuou seu raciocínio com clareza.

– Sim, eu sei que existe uma sofisticação maior, as empresas se profissionalizaram, prestam bons serviços, mas continua havendo alguém importante nisso tudo: as pessoas. São elas que criam, fazem, compram, consomem, pagam, recebem.

Enquanto se balançava, lançou uma pergunta:

– Jarina, você conhece, mesmo, os clientes da Zênite?

– São milhares, mamãe, como posso conhecê-los? Só por números e estatísticas.

– Você e a sua equipe tiveram algum interesse em conhecê-los?

– Como assim, mamãe, se todo o nosso tempo sempre foi voltado para elevar o Índice de Conversão?

– Entendi muito bem, mas tudo... a favor da empresa, não deles – completou dona Áurea, com fina perspicácia.

Sem retrucar, Jarina prosseguiu atenta ao raciocínio da mãe, que, entre idas e vindas da cadeira de balanço, lhe fez outra pergunta direta:

– Como eram as suas conversas com o senhor Kiran?

– Ele é muito ocupado. Sempre foi difícil conseguir um horário para falar com ele. Geralmente as convocações partiam dele, quando havia algo urgente e do seu interesse para tratar.

– E sobre o que vocês falavam?

– Sobre o Índice de Conversão, as reclamações de clientes que conseguiam chegar à diretoria, as metas a atingir, as prestações de contas com a matriz, a produtividade no atendimento... por aí.

Dona Áurea continuou se balançando.

– E você, o que conversava com a sua equipe?

Jarina pensou alguns segundos.

– Não era muito diferente.

– Tenho uma pista sobre o que está acontecendo com a Zênite.

"Não é possível que minha mãe saiba mais do que os executivos da empresa, todos com MBA no exterior", pensou Jarina, ao ouvir os atrevimentos da mãe.

– Acho que vocês não gostam de gente – sentenciou dona Áurea.

Jarina não concordou nem discordou. Permaneceu em completo silêncio, mas bem atenta, afinal estava diante da pessoa que mais levava a sério.

"O fato é que alguma coisa não está certa", refletiu a jovem, sem fazer nenhum comentário. Mas admitiu, intimamente, que se sentiu tão provocada com a conversa que, por ora, até esqueceu o choque da demissão.

– Mamãe, estou exausta. Parece que jogaram um piano em cima de mim. Vou me deitar.

– Não sem antes tomar o chá de cidreira que preparei para você.

Jarina encheu a xícara e a levou consigo para o quarto. Só o aroma foi capaz de acalmar os pensamentos dela.

7 O PODER RELACIONAL

Jarina acordou e olhou para fora. Fazia tempo que não prestava atenção nas árvores do bairro, nem tinha notado que estavam desfolhadas por causa do inverno. Dormira mais do que o normal e acordara como se estivesse de ressaca. A demissão, as lembranças traumáticas do pai, a iminente perda da assistência médica da mãe, o futuro incerto, tudo lhe dava aflição. Dando pouca importância ao frio, tomou um banho, vestiu o agasalho de moletom e saiu para caminhar. Queria pensar e pensava melhor quando andava a pé.

"Vocês não gostam de gente" era a frase que voltava à sua mente. "Se o meu setor era o de Relacionamento com o Cliente, gostar de gente deveria ser uma condição", concluiu.

O orvalho sobre a vegetação, o sol tímido escoando entre as nuvens... tudo lhe parecia novo, embora a paisagem sempre estivesse ali. Os pensamentos se sucediam, como luzes que se acendem devagar. "Atenção. Essa é uma palavra especial. Quem gosta presta atenção. Qual a qualidade de atenção que eu, a minha equipe ou a Zênite dá aos seus clientes?"

As reflexões seguiam, no ritmo calmo de seus próprios passos na calçada do bairro. Em vez de se sentir vítima, tentava compreender por que havia sido demitida e qual a razão de os resultados da Zênite terem declinado mês a mês, não obstante o trabalho sem tréguas de sua equipe.

A jovem procurou repassar todo o diálogo com a mãe, na noite anterior. Negócios são pessoas! Pessoas são relacionamentos! As conclusões de dona Áurea pareciam fazer algum sentido. "Mas tanto as pessoas como os relacionamentos são instáveis. Como buscar a regularidade dos números se eles dependem de pessoas e de relações irregulares?", ela se questionou.

"Hoje conheço mais os números da Zênite do que as pessoas, e talvez dona Áurea tenha mesmo razão", admitiu Jarina, ampliando ainda mais o espectro da conjectura. "Negócios são pessoas que compram, vendem, planejam, elaboram, entregam, consomem, se comprometem, se fidelizam."

Jarina sempre quis crescer na carreira, na esperança de galgar posições mais elevadas. Apostava no poder posicional, aquele agraciado por um cargo, um título, uma posição hierárquica de relevo. Às vezes isso inclui melhor remuneração e alguns privilégios.

"Mas quem disse que não existe poder relacional na Zênite?", ela se perguntou. A rádio peão não consta de nenhum organograma, ainda assim seu poder é inquestionável. Inclusive serve para enlouquecer líderes convictos de que podem resolver tudo na caneta e no decreto, para depois se espantar e se irritar constatando que certas normas não funcionam, sabotadas pelo poder paralelo.

"Quanto mais acentuado o poder posicional, mais vigoroso será o poder relacional, como forma de atenuar a força do primeiro", ela subitamente se deu conta. E lembrou do fiel da balança, outra lição de dona Áurea. "De nada adianta, então, conquistar uma caixinha superior no organograma se a qualidade das relações, com os pares e, principalmente, os colaboradores, não for satisfatória."

O poder relacional, Jarina sabia, faz parte da infindável arte das relações humanas. Inclui alguns ensinamentos de sua mãe, como a conversa sincera, o diálogo aberto, a escuta sem julgamentos, a autenticidade, a diversidade, a alteridade, o compartilhamento. "É por meio da troca de ideias que se acende o pavio da criatividade que inflama a boa inovação."

Tomada por reflexões e diálogos interiores, Jarina nem percebeu que o sol já brilhava alto no céu, abrindo um amplo espaço entre as nuvens para mostrar todo o seu esplendor. E foi sob aquele calor suave, típico do inverno, que ela voltou bem mais leve para casa.

– Bom dia, filha! Muacy ligou para o telefone aqui de casa, porque não está conseguindo falar com você no celular.

– Saí para caminhar, não estava a fim de conversar com ninguém, muito menos com ele – a jovem retrucou, enquanto descalçava os tênis.

– O que é que há, filha? Muacy é um bom rapaz. A gente tem a tendência de colocar os relacionamentos no piloto automático. Acontece em casa, na família, na empresa e também nas ligações amorosas. Vão ficando desinteressantes. Perdem a graça.

– Com você a relação é sempre interessante e cheia de graça – a filha comentou, abraçando afetuosamente a mãe.

Dona Áurea acabara de passar o café no coador de pano, um hábito que trouxera do interior, aromatizando a cozinha, para em seguida colocar as xícaras na mesa, enquanto continuava a divagar alto.

– Em casa, o homem pensa que conhece bem a sua esposa, os pais pensam que conhecem perfeitamente os filhos. Ledo engano. Nas empresas não deve ser diferente. Os chefes pensam que conhecem seus funcionários...

– ... e as empresas pensam que conhecem seus clientes – completou Jarina.

Dona Áurea sorriu, ampliando a arrumação da mesa com o pão, a manteiga e biscoitos.

– Conheço a minha faca de cortar cebola, a minha concha para sopas, o meu ralador de queijo. Sei muito bem para que serve cada utensílio, mas pessoas não são objetos. Pessoas são sujeitos. Mais que isso. Pessoas são sujeitos em processo, ou seja, em contínua mudança, diferentemente da faca, da concha e do ralador.

– Moral da história: ninguém conhece ninguém – arrematou Jarina, pegando uma fatia de pão.

– A pessoa que você conheceu no ano passado não é mais a mesma hoje em dia. Muitas coisas já se passaram em sua vida. Semelhante raciocínio vale para alguém com quem tenha conversado há um mês ou com quem esteve ontem.

– E aí, sábia dona Áurea, como se resolve isso?

A mãe achava engraçado quando sua filha a tratava como sábia dona Áurea. Não que levasse a sério, porque considerava suas observações simples constatações ao longo da vida.

– Todo ser humano é um mistério, para os outros e também para ele próprio. Sabe qual o grande ganho em conhecer mais os outros? A gente aprende bastante sobre nós mesmos. Sei muito bem. Faz parte do que venho aprendendo na vida.

Jarina pensava na Zênite. Como isso seria possível lá? Afinal, não era um armazém de secos e molhados, aquele comércio tão singelo, mas capaz de suscitar interessantes sugestões de dona Áurea, que, depois de tirar os pãezinhos de queijo do forno, completou:

– Relacionar-se é uma adorável, misteriosa e instigante aventura!

8 O ÚNICO TIPO DE CONTROLE

Jarina sentou-se na escrivaninha em seu quarto e começou a fazer algumas anotações sobre o que havia conversado com sua mãe.

Antes, encontrou esta definição de empresa em meio às suas pesquisas: "organização econômica destinada à produção ou venda de mercadorias ou serviços, tendo em geral como objetivo o lucro". Ou seja, um empreendimento que tem como propósito obter lucro por meio da transação de mercadorias e serviços.

Lembrou-se das aulas de administração e viu que boa parte daquela ciência visa a garantir a regularidade nos processos, nos comportamentos, nos resultados. Regularidade num mundo irregular. Previsibilidade num mercado imprevisível.

"O problema – ou o desafio – é que os mercados são móveis, assim como as necessidades dos clientes. Não é o mercado que deve se ajustar às empresas e suas ofertas, mas o contrário. Para isso, o poder está nas relações. O líder é um gestor de relações", Jarina escreveu, leu, releu e gostou da frase. E continuou, entusiasmada: "O poder é gerado pelas relações; não tem nada a ver com controles. Isso muda o jeito de trabalhar, de definir prioridades, de liderar".

Jarina começou a vasculhar seus livros na pequena estante sobre a escrivaninha, até encontrar aquele que tanto apreciava. Leu o trecho marcado com caneta marca-texto:

As relações dependem das percepções que se têm do mundo ao redor. Agimos e reagimos conforme a maneira como vemos a realidade, e não necessariamente se trata da realidade em si.

E aí vinha o mais intrigante:

Por conta das nossas percepções, acabamos criando a realidade que queremos ou a realidade que tememos. Sim, porque as nossas per-

cepções, as imagens que criamos do mundo definem nossas decisões e ações. E estas, por sua vez, moldam a nossa realidade, confirmando, pois, nossas crenças.

"Será que estamos com as percepções corretas sobre os clientes?", Jarina refletia, continuando a leitura.

Em outras palavras, a percepção muda a coisa percebida. Ou seja: a maneira como percebemos alguém afeta o comportamento dessa pessoa. Faça um teste. Avalie a qualidade da relação que se estabelece em um relacionamento cuja premissa é a desconfiança. Avalie as práticas que você adota, nesse caso. Em contraponto, faça a mesma coisa diante de uma relação baseada na premissa da confiança. É possível imaginar as diferenças em cada uma das situações. E, da mesma forma, os desdobramentos e os resultados obtidos.

"Se transferirmos esse mesmo raciocínio para as relações com os clientes", pensou Jarina, "é possível compreender a queda no desempenho e nos resultados na Zênite."

A moral da história – de acordo com suas conclusões até ali, devidamente anotadas – é que o novo poder está em administrar a qualidade das relações. E mais: "Essa é uma competência que precisará ser criada, desenvolvida e aprimorada. Mas ela depende de gerir as próprias percepções, o único tipo de controle que temos".

Ao lado daquela, Jarina redigiu outra frase:

"O líder é um gestor de percepções."

O entusiasmo com as descobertas, ao menos por um tempo, a fez esquecer a aflição que sentia desde a conversa com Kiran. Ouviu batidas na porta.

– Filha, o almoço vai esfriar.

Jarina nem tinha percebido o quanto demorara na atividade. Mesmo sabendo que sua mãe esperava companhia para a refeição, recusou:

– Estou sem fome, mãe, vou continuar por aqui.

Percebendo ânimo na voz da filha, dona Áurea preferiu não insistir.

– Vou fazer seu prato para esquentar quando você quiser. E não se esqueça de ligar para o Muacy.

– Está bem, mamãe! Vou ligar em seguida.

9 A MALDIÇÃO DO PONTO CEGO

– Alô, Muacy? Soube que me ligou.

– Sim, hoje é sábado e poderíamos ir a um show à noite, o que acha?

– Muacy, qual é o maior problema que vocês vivem na Magalhães? – Jarina perguntou, ignorando o convite.

Do outro lado da linha, e sem insistir, ele pensou, pensou, pensou. A princípio imaginou transferir a culpa para a crise, devido à atual conjuntura, mas refletiu um pouco mais e respondeu, sem hesitar nem se estender:

– Comunicação.

– Mas comunicação não é apenas transmitir uma mensagem de uma pessoa para outra? – Jarina tentou fazer com que ele ampliasse a conclusão. – Para isso, basta um emissor, um interlocutor, uma mensagem e o meio. Então, qual é o problema com a comunicação?

– Não é tão simples assim.

– Comunicar é *tornar comum a todos*, concorda?

– Sim, mas o que é comum para um não é comum para o outro.

– E por quê?

– Porque cada um é um – resumiu Muacy.

– Sim, cada um tem um repertório de vida, valores e crenças. Eu, por exemplo, sou muito influenciada pela minha mãe.

– E eu, pelo meu avô.

– Mas não é só isso. Tem algo mais que torna a comunicação complexa.

– Mesmo? E o que seria?

– Por exemplo, quando estou zangada com você, não consigo escutar o que diz.

– Já percebi isso.

– Conflitos velados, rancores contidos, ressentimentos não declarados afetam a qualidade da comunicação.

– E aonde você quer chegar com isso?

– Conflitos e rancores entre a empresa e seus colaboradores também vão afetar a comunicação entre eles, a qualidade do diálogo, o relacionamento.

– Faz sentido.

– ... e vão afetar a comunicação com os clientes, a qualidade do diálogo e o relacionamento com eles.

– Faz... – Muacy começou a frase, mas, ao ouvir barulho de passos do outro lado da linha, percebeu que Jarina se afastara. Não terminou o que pretendia dizer.

Em sua empolgação para tomar notas, Jarina nem se deu conta de que deixara Muacy falando sozinho. Tardou um pouco a notar a descortesia, retornou à ligação, pediu desculpas e desligou. Estava pronta para escrever um texto a partir da súbita conclusão: "A maldição do ponto cego. Está lá, mas a gente não vê".

Jarina começou a reflexão partindo do motorista que, mesmo contando com espelhos retrovisores, não consegue enxergar o veículo que tenta ultrapassá-lo à sua direita ou à sua esquerda em determinado ângulo. Com esse exemplo, pretendia ilustrar o problema de comunicação e de relacionamento que existe nas empresas. A partir daí, seguiu em frente:

"Em proporção maior ou menor, lá está o ponto cego, ocultando pensamentos, omitindo sentimentos, reservando opiniões, apagando ideias e dissipando informações de todos os tipos. Com isso, as empresas vivem de meias verdades ou meias mentiras, jamais de uma verdade plena. E onde não há verdade, não há vida. Isso explica, em parte, o problema que a Zênite vem enfrentando.

A maldição do ponto cego estende-se para o mercado e os clientes. É quando os clientes pensam e sentem, mas se calam. Não vislumbram espaço para declarar os seus sentimentos, por notar a ausência de interesse e acolhimento. Preferem omitir-se ou migrar para o concorrente. A maldição do ponto cego gera, portanto, perda de clientes e de vendas, de aprendizado e de lucros.

O que fazer diante disso tudo? Romper com o ponto cego e abrir-se a informações, pensamentos e sentimentos de pessoas, colaboradores e clientes.

A maldição do ponto cego pode ser tratada e curada. Requer a existência de confiança nas outras pessoas, de interesse pelo que pensam e sentem e despojamento para escutar sem julgamentos nem ressentimentos."

Subitamente, Jarina suspendeu a linha de pensamento, absorta em lembranças e disposta a registrá-las também. Havia algo além da superfície.

10 ALÉM DA SUPERFÍCIE

"Janos, meu pai. Quando ele saía para o trabalho, eu e minha mãe sentíamos como se estivéssemos de férias ou na hora do recreio escolar. A sensação que nos invadia, na ausência dele, posso definir como de leveza e alegria.

Tudo se alterava, porém, tão logo ouvíamos os passos que anunciavam seu regresso. Era como se ele voltasse de uma guerra. Exausto, irritado, apreensivo.

Mal nos cumprimentava e já se dirigia ao canto da sala onde mantinha uma espécie de bar, com dois bancos e o estoque de suas bebidas preferidas. Para cada momento, escolhia um tipo. À chegada, goles de 'branquinha', o nome que dava à cachaça. Mais tarde, oscilava entre vodca ou steinhaeger. Nos finais de semana, entornava as costumeiras, intermediadas com cerveja.

Era sua maneira de aliviar-se do que vivenciava no trabalho, um verdadeiro fardo para ele. Mamãe se consolava dizendo ser melhor que ele se embebedasse em casa do que na rua.

Quando papai falava sobre o trabalho, era só para lamentar as desditas do emprego, do patrão, do chefe ou de seus pares. Ele nunca investiu em bons relacionamentos; ao contrário, sempre via com desconfiança quem dele se aproximava. Por isso, era um solitário onde quer que estivesse, inclusive em casa.

Qual era o seu medo? Temia que os outros flagrassem o seu vazio. Com isso, não permitia que o invadissem além da superfície. A casca era tudo o que tinha, por dentro havia apenas um oco profundo. Se ele mesmo não gostava do que via em seu íntimo, que dirá os outros. Então armava uma barreira contra qualquer aproximação, evitando relacionamentos.

Não admira que tivesse a mesma atitude em relação à família. Ele ergueu uma parede invisível que nunca consegui transpor. De vez em quando eu até conseguia avançar um pouco, mas logo ele se esquivava, traçando o limite exato para ficar a salvo de invasões. Penso que nunca o conheci profundamente.

Meu pai mantinha sempre a mesma rotina, nunca ousava um passo mais atrevido. Chegava no início da noite, abastecia-se de álcool em seu pedaço de mundo, assistia ao jornal na TV, às vezes jantava, depois tomava banho e se recolhia. Geralmente, até pegava no sono antes disso, na frente da TV, com o controle remoto na mão. À noite, a sala era dele. Eu e mamãe íamos para a cozinha jogar conversa fora.

Nos hiatos entre seus empregos, a convivência com ele chegava a ser insuportável. Permanecia em silêncio, e caminhava de lá para cá, na sala, arrastando a sola do sapato. Transformava o ambiente em uma atmosfera carregada de ansiedade e medo, apreensivo por alguma ligação telefônica sobre a oferta de um novo emprego.

Naquelas fases, os dias tardavam a passar, o clima azedava de tal maneira que se tornava insalubre. Eu e mamãe nos separávamos, ela concentrada nas atividades domésticas; eu, no quarto, dedicada às tarefas escolares, lia, desenhava, escrevia. Sem nenhum sinal da leveza e alegria de antes. Era como se uma nuvem negra pairasse no ar.

Três anos depois de se aposentar, sem nunca ter sido feliz e realizado com o trabalho, meu pai sofreu um infarto fulminante enquanto assistia à final do campeonato brasileiro de futebol com o seu time do coração prestes a conquistar o título. Aquelas vitórias eventuais pareciam compensar as derrotas em sua vida. A primeira vez que o vi emocionado foi ao comemorar a conquista de um campeonato, muitos anos depois de o time oscilar na lanterna.

Três sinas que eu não queria repetir em minha vida: a de rodar de emprego em emprego, sem jamais me realizar; a de sentir medo dos relacionamentos; a de viver o fado de mamãe, buscando sempre o apaziguamento e o consolo numa relação infrutífera para ela.

Mamãe gostava de imaginar o mundo corporativo e sempre almejou trabalhar fora, mas meu pai nunca consentiu. Dizia que ela tinha mesmo é de cuidar da casa. Embora nunca reclamasse, eu ficava pensando que ela bem merecia uma perspectiva melhor, ter um bom e gratificante emprego, para exercer sua liderança natural, além de um bom companheiro que fosse inteligente, ousado e empreendedor."

Subitamente Jarina retornou ao presente, disposta a um novo desafio, ainda cheia de indagações.

"Preciso falar com o Kiran. Dessa vez ele tem de me escutar. Será que vou ter espaço na apertada agenda dele? Talvez se eu chegar bem cedo na segunda-feira, ainda antes da costumeira reunião da diretoria... Será que a minha credencial ainda está ativada? E se eu não conseguir entrar? Não quero passar pelo constrangimento de ser barrada na portaria, depois de quatro anos dedicados à Zênite."

Jarina continuou matutando. Tinha de achar uma saída que a livrasse de tantas dúvidas.

"Ah! Já sei!"

11 A DESEJADA REVIRAVOLTA

Naquela fria manhã de domingo, Jarina acordou mais cedo, embora tivesse dormido pouco. Vestiu a camiseta tipo segunda pele e depois o agasalho de moletom. Reforçou a proteção com cachecol e gorro e saiu em direção ao parque.

Caminhou pelas ruelas até acessar o circuito de corridas, no grande parque da cidade, e disparou em sentido contrário ao da maioria, tomando cuidado para não esbarrar nas pessoas. Sabia que Kiran costumava caminhar ali todo domingo de manhã. Já tinham se encontrado muitas vezes naquele trajeto. Não raro, até haviam compartilhado breves momentos e conversas ocasionais, para descansar e se refazer do esforço.

Mesmo que antes tivesse acontecido de maneira muito natural, agora seria bem diferente. Concentrado, como sempre, ele nem a reconheceu ao passar a seu lado. Jarina deu meia-volta e emparelhou com ele, para dar a impressão de uma coincidência.

– Bom dia!

Kiran desacelerou.

– Bom dia! Ei, é você, Jarina?

Ambos exalavam fumaça branca ao respirar, ofegantes.

– Sim, podemos correr juntos?

– Vamos lá! – ele concordou, acentuando a corrida.

Fizeram a primeira volta e Kiran notou que Jarina não estava dando conta do ritmo que ele imprimia ao exercício. Quando ela era atendente, ainda arranjava tempo para ir à academia da empresa ou correr no circuito interno entre a vegetação do amplo jardim. Depois da promoção, dava para contar nos dedos de uma só mão as vezes em que conseguiu fazer alguma atividade física, exceto aos domingos bem cedo.

– Está disposta a enfrentar a neblina da manhã para manter a forma, como eu? – Kiran perguntou, mantendo suas largas e rápidas passadas.

– Resolvi sair para exercitar os músculos – ela respondeu, arfando –, mas também queria conversar com você.

Kiran manteve o semblante impassível, sem fazer cara de que tinha ou não gostado.

– Então vamos beber alguma coisa ali no quiosque.

Sentaram-se nos bancos rústicos da mesinha de madeira.

– Água ou café?

– Por enquanto, água.

Depois de fazer o pedido, Kiran foi direto ao ponto mais vulnerável do momento que ela vivia:

– Você está ressentida com a demissão?

– Mais desafiada do que ressentida.

– Desafiada?

– Sim! A princípio foi como um choque elétrico. Mas não costumo chorar sobre o leite derramado.

– Então já se recuperou do baque?

– Mais que isso! Tratei de ver onde foi que eu errei...

– Então, entendeu bem o motivo do seu desligamento!

– Tratei, na verdade, de tirar a poeira de concepções novas sobre gestão das quais me afastei muito.

– Nada é mais atual do que a cultura da Zênite.

– Em certos aspectos, concordo, mas não quanto à área que estava sob minha responsabilidade.

– Sabemos perfeitamente como lidar com a recuperação de clientes! – Kiran começava a mostrar sinais de impaciência, mas parecia interessado em saber aonde Jarina queria chegar.

– Medir índices de regresso de clientes é apenas um recurso técnico e, agora tenho certeza, até mesmo inócuo dependendo da forma como se faz o trabalho.

– Inócuo? – Kiran estranhou o vocabulário. – De jeito nenhum. Você é que não conseguiu a recuperação esperada.

– E, do jeito que a coisa é feita, ninguém vai fazer essa façanha!

– Claro que vai! Basta seguir as indicações.

– Foi o que eu e minha equipe fizemos, sem sucesso. Seguimos tudo à risca. Sem falhas nem no planejamento das atividades. Tudo no tempo certo.

– Está certo que não houve falhas nos relatórios e atividades, tudo sempre em dia...

– Então, Kiran, o problema é outro! Tenho uma proposta para você, quer ouvir?

– Muita ousadia de sua parte, Jarina.

– Você sabe que a ousadia faz parte das minhas qualidades. Então, posso ir adiante?

– Já que continuamos aqui, diga lá... – Kiran se dispôs a escutar, mas deixando bem claro que estava no limite da paciência, ao fazer um sinal à atendente para que trouxesse a conta.

– Acho que nossa missão é fazer a Zênite ser o que ainda não é.

– E o que ela ainda não é?

– Uma empresa orientada para os resultados.

Kiran começou a achar que aquela não estava sendo uma boa manhã de domingo.

– Pode explicar melhor? – A curiosidade ganhou da impaciência, ao menos por um instante.

– Antes, diga novamente: por que fui demitida?

– Você sabe muito bem! Estamos reduzindo custos. Não foi uma decisão isolada. Atingiu outras pessoas. Precisamos ajustar os custos às receitas. Além disso, o setor de Relacionamento com o Cliente não vinha conseguindo fazer os clientes voltarem a comprar. Nosso Índice de Conversão não para de declinar. Essa é uma das razões para o fato de as receitas não crescerem.

– Se entendi direito, você e a companhia acreditam que o lucro é o resultado das receitas depois de subtraídas as despesas, certo?

– Claro que é isso! Nossos produtos são geradores de receitas, portanto, de lucros. Se são vendidos, temos receitas e lucros. Caso contrário, nenhum dos dois. Elementar!

– O lucro está nos bolsos do cliente, e ele só vai pagar e repetir a compra se receber algo mais do que o produto em si. Afinal, por mais que a Zênite faça alarde das vantagens que oferece, elas são muito parecidas com as de outras empresas do mesmo ramo.

– Você está colocando a Zênite na mesma vala dos concorrentes – ele resmungou, cada vez mais desconfortável. – A Zênite é bem diferente. Tornou-se uma referência no mercado. E sem paralelos, pode ter certeza!

– Isso é mais passado do que presente e a Zênite não tem garantia nenhuma de futuro. Tende a repetir fórmulas que deram certo e a padronizar o sucesso anterior, em um mundo que se altera o tempo todo. É aí que a Zênite está cavando o seu fracasso. Ela vive uma espécie de aristocracia.

Kiran respirou fundo. Ainda surpreso com a argumentação, em vez de se insurgir, voltou à questão inicial, atribuindo a Jarina seu próprio fracasso.

– Não entendo aonde quer chegar. Você estava no papel de gestora justamente para produzir resultados. Por que não conseguiu?

– É bem simples, Kiran. Boa parte da minha gestão era gasta na maximização do lucro por meio do aumento das receitas e da diminuição das despesas. Mas essa fórmula clássica não dá mais certo.

Kiran, embora visivelmente injuriado, manteve a compostura e pediu mais dois cafés, tão logo a atendente apareceu para lhe entregar a conta solicitada.

– Quero ter a chance de apresentar uma nova equação do lucro – disse Jarina, com um brilho instigante no olhar.

– Nunca ouvir falar nisso... E qual é? – ele retrucou, desdenhando, enquanto servia a água remanescente. Reconhecia e, aparentemente, até admirava a Jarina atrevida e petulante dos velhos tempos.

– Lucro = cliente fidelizado + colaborador comprometido.

Kiran refletiu sobre a diferença entre as duas equações. A primeira, uma versão contábil, financeira, numérica. A segunda, com base em duas relações, com o cliente e com o colaborador. Até fazia sentido, mas como medir? Ainda imerso em suas próprias dúvidas, ele procurou se concentrar na próxima observação de Jarina:

– Voltando à sua pergunta anterior, o tipo de gestor que gera lucros é aquele que busca, ao mesmo tempo, o comprometimento da equipe de trabalho e a fidelização do cliente. Qualquer outra coisa que o gestor faça, e que não seja no sentido dessa nova equação do lucro, é desnecessária. Pura perda de tempo.

– Cliente fidelizado é a parte da equação que cabe ao setor de que você era responsável até a última sexta-feira.

– Aí é que está o primeiro erro: não devia ser responsabilidade de um setor, mas de toda a empresa. E o segundo erro eu devo admitir: estava gerindo errado e, com isso, a equipe também trabalhava errado. Tentamos não perder receita, mas sem nos relacionarmos verdadeiramente com os clientes. Dessa forma, não sabemos o que eles querem.

– Mas e a Pesquisa Zênite, o que vocês faziam com ela?

– A Pesquisa Zênite é igual às de outras empresas e não capta sentimentos e percepções. Não fazemos coisa alguma com os que se dignam a responder, a quem nem sequer prestamos contas. Como esperar que retornem?

– Mas as estatísticas são úteis para a companhia.

– Quem faz o quê com elas?

Jarina continuava afiada e provocadora. Kiran começou a gostar da conversa, embora não fosse um diálogo fácil de digerir.

– Mas e daí, se a pesquisa não contribui para mudar o quadro, o que fazer, então?

– Tenho uma ideia bem clara!

Kiran olhou para Jarina, ressabiado entre questionamentos mentais pragmáticos: "será que ela não sabe que está demitida? Será que a demissão lhe causou delírios?".

– Reviravolta AIA – ela declarou com ênfase, imperturbável.

– AIA? O que é isso?

– Você vai saber, caso concorde com minha proposta. Peço que revogue a minha demissão até segunda ordem, com vencimento de oito semanas. Vou ter, então, dois meses para reverter o Índice de Conversão da Zênite e suas receitas. Caso fracasse, a companhia nem vai precisar me demitir. Eu mesma peço as contas, reduzindo os custos de rescisão e indenizações que a empresa teria hoje, se a minha saída fosse consumada.

Kiran reconheceu estar diante de uma pessoa corajosa. Jarina estava segura de si e determinada. O executivo tinha dúvidas na mente, mas não as explicitou: "Afinal, o que uma garota com pouca experiência profissional sabia tanto sobre os negócios da Zênite? Mas ela apostou firme quando abriu mão da indenização dos seus quatro anos de trabalho na Zênite. Se ela podia correr risco, o que ele tinha a perder?".

É bem verdade que o pedido de rescisão contratual dela ainda não havia sido encaminhado ao departamento de recursos humanos. Era possível adiar por oito semanas.

– Você vai implementar essa AIA sozinha?

– Com a minha equipe.

Até aí, tudo bem. Como não havia anunciado oficialmente a saída de Jarina, poderia mesmo deixar a comunicação para depois.

– Algo mais? – quis saber de Jarina.

– Uma reunião nossa toda semana, de preferência às segundas-feiras pela manhã, depois da sua com a diretoria. Assim podemos fazer juntos o balanço do período anterior, para desvendarmos, aos poucos, a Reviravolta AIA.

Se desse certo, era tudo o que a companhia almejava como resultado. Se desse errado, a empresa economizaria os custos de rescisão contratual. Kiran avaliava racionalmente suas opções, e, embora sabendo que, naquele instante, não poderia confirmar as reuniões semanais sem consultar a agenda, deu a resposta:

– Sim! Amanhã começa o primeiro dia dos próximos cinquenta e cinco. – Antes de se despedir, brincou: – Só estou sentindo falta de duas letras nessa tal Reviravolta AIA. O R de resultados e o L de lucro.

Ambos se separaram com acenos de mão. Jarina se distanciou radiante, apreciando a estação do ano que preparava a primavera. Parecia um bom augúrio para o que a esperava.

12 AQUELE QUE NÃO QUER VER

Jarina entrou em casa cantarolando. Dona Áurea, que cortava legumes na cozinha, se animou com a visível alegria da filha.

– Até parece que ouviu o canto do rouxinol.

– Estive com o Kiran no parque – ela contou, abraçando a mãe, que cheirava a cebola.

Dona Áurea não estranhou a notícia; conhecia a ousadia da filha e provocou:

– E aí, sua enxerida?

– Aí que negociei com ele o meu retorno, sob condições.

– E quais são as condições, sua doidinha?

– De eu mesma me demitir, sem direito a indenização, ao final de oito semanas, caso não consiga reverter o Índice de Conversão.

Dona Áurea respirou fundo.

– E você está segura de que vai conseguir?

– Confesso que sinto um friozinho na barriga. Estou desafiando a inteligência de uma empresa bem-sucedida, eu, uma reles fedelha.

Dona Áurea, curiosa, pediu detalhes:

– Você tem algum plano?

– Tenho intenções.

Dona Áurea terminou a preparação dos ingredientes do almoço e começou a cozinhar alguns, mas em fogo baixo, disposta a contar mais uma de suas histórias.

– Você sabia que, antes de o sistema Braille ser instituído, dois estudiosos tentaram criar um método para que as pessoas cegas pudessem ler?

– Não, me conte.

– Um deles pensou em uma tipologia itálica para o alfabeto e mandou gravá-la em alto-relevo. Só que tinha um problema. Ao final de cada linha, a mão precisava voltar à margem esquerda da página sem perder a posição.

– Problema não resolvido, pelo visto.

– O outro estudioso complementou a ideia do parceiro, pensando na linha de retorno, ou seja, as linhas eram impressas alternadamente, uma da esquerda para a direita, outra da direita para a esquerda.

– Boa ideia!

– É, mas não deu certo.

– E por quê?

– Escute só. Louis Braille tinha sofrido um acidente e ficado cego de um olho aos três anos de idade. Algum tempo depois, uma oftalmia cegou seu outro olho.

Jarina beliscou uma azeitona da salada enquanto ouvia.

– Ele gostava muito de ler e também estava decidido a encontrar uma fórmula eficiente para resolver o problema. Sabe o que ele fez?

– Nem imagino.

– Recorreu à leitura noturna. Um sistema usado pelos soldados franceses para ler no escuro, durante as batalhas.

– E como funcionava?

– No começo usava doze pontos em alto-relevo, agrupados conforme o alfabeto. Depois Braille os reduziu para seis pontos.

– Quando foi isso?

– Em 1825, com dezesseis anos de idade, Braille apresentou seu novo sistema.

– Problema resolvido!

– Ainda não. As autoridades de ensino alegaram que ele era jovem demais para entender e solucionar um problema sobre o qual estudiosos mais tarimbados estavam pesquisando havia tempos. Além disso, acharam o sistema simples demais.

Jarina mordiscou outra azeitona, enquanto aguardava o final da história.

– Houve uma demora de mais de 50 anos para que o método criado por Braille fosse reconhecido como superior a todos os outros.

– E por quê?

– Porque as decisões eram tomadas por pessoas que enxergavam, assim como a primeira dupla. Eles não conseguiam compreender as frustrações dos deficientes visuais.

"Duas lições!", refletiu Jarina, concentrada e em silêncio. "A primeira é que as decisões estratégicas não deviam ser tomadas apenas por quem está distante do mercado. A segunda é que minha idade e pouca experiência profissional não são empecilhos."

Jarina tratou de registrar as ideias no caderno de notas, enquanto dava conta de mais uma azeitona confiscada sem o menor constrangimento. Cada vez mais esperançosa, percebeu que os aperitivos aumentaram seu apetite. Mas, como o almoço ainda ia demorar, continuou a redigir.

13 A HUMANIZAÇÃO NECESSÁRIA

Jarina estava tão ou até mais animada do que quando havia sido admitida na Zênite. Era, na verdade, como se fosse uma segunda contratação. Sentia-se mais desafiada do que nunca. A conversa com Kiran, mais a história sobre o método Braille contada por dona Áurea, tudo a deixara muito inspirada.

Sem parar para fazer correções, ela foi anotando tudo o que lhe vinha à cabeça, certa de que as observações teriam utilidade, incluindo conceitos novos, não porque acabavam de ser apresentados, mas por falta de uso competente. Certas concepções só são absorvidas lentamente, porque se chocam com o que se cristalizou, mas não deveria mais ser assim. Entre a formulação e a prática, portanto, havia bons lapsos de tempo, até mesmo para vencer as rejeições.

"Empresas são pessoas, ou seja, bem mais do que define uma instituição jurídica cadastrada na Junta Comercial e na Receita Federal, classificada em determinada categoria de atividade econômica, cujo objetivo é dar lucro e, na medida do possível, honrar as obrigações fiscais e legais. Não que a definição esteja errada, mas se limita a uma visão reduzida do que é e pode ser uma empresa.

Se empresas são pessoas, então também possuem corpo, mente e alma. Podem pensar, sentir e realizar. São constituídas de propósito, informação e relação. Transitam entre o concreto e o abstrato, o material e o sutil.

Se as pessoas existissem somente para obter lucro, não haveria relacionamentos saudáveis entre elas, apenas jogo de interesses. E a vida seria uma infeliz solidão pautada pela desconfiança.

Do mesmo jeito, empresas que só visam ao lucro vivem igual desdita: a de não conseguir uma boa qualidade de relacionamento com colaboradores e clientes, porque têm como regra o estrito jogo dos interesses e da desconfiança.

Mas, se empresas são pessoas, elas podem se relacionar com o seu mercado da mesma forma que os seres humanos entre si.

Pessoas admiradas e procuradas para iniciar e perpetuar relações são verdadeiras, generosas, empáticas. Têm berço, como se costuma dizer, traduzindo boa educação. São éticas e espiritualizadas. Em outras palavras, têm um conjunto de valores que vai muito além da mera perseguição ao lucro.

Se a Zênite é semelhante a uma pessoa, então está aí a chance de ser cortejada, admirada, com a qual vale a pena se conectar e se relacionar, não apenas para meras transações comerciais, mas para tê-la ao lado o resto da vida.

É possível levar a Zênite a abrir mão dos cacoetes da aristocracia e substituir esse triste costume pela humanização necessária?

Claro que sim! É isso o que vou fazer junto com a minha equipe. Vamos começar pelo RC – Relacionamento com o Cliente. Amanhã minha proposta vai ao ar, com entusiasmo e satisfação."

Animada com o que acabava de registrar e ainda com uma série de reflexões na cabeça, Jarina finalmente deixou o quarto para compartilhar com a mãe a deliciosa refeição que espalhava convidativos aromas pela casa. Tudo apontava para uma tranquila tarde em família.

Assim que o sol se pôs e o frio aumentou, Jarina percebeu que o nível de ansiedade acompanhava a intensidade do inverno. Ela não via a hora de acordar na manhã seguinte para se reencontrar com a sua equipe de trabalho. "Será que eles dariam conta do recado?" – ela se perguntava. Havia criado e assumido um desafio, mas ainda sem ter combinado o jogo com a equipe, e, sem eles, não iria conseguir o que imaginava. O friozinho na barriga foi se acentuando, até que ela se lembrou de telefonar para o namorado.

– Muacy, boa noite!

– Que surpresa! – ele respondeu, com uma pitada de ironia.

– Desculpe por ontem, não estava em condições de sair.

– Imaginei. Você está muito chateada com a sua demissão. Quem não ficaria?

– Fui recontratada – contou Jarina, de bate-pronto.

Cheia de entusiasmo, ela relatou o encontro com Kiran e o seu plano para reverter o Índice de Conversão e continuar empregada. Muacy gostou bastante da notícia, mesmo receando que ela assumisse novamente uma excessiva carga de trabalho em prejuízo do namoro.

– Você me disse que o maior problema na Magalhães é a comunicação – recapitulou Jarina. – E qual é o maior dilema?

Muacy pensou, mas não demorou para arriscar a resposta, mesmo sem saber muito bem a diferença entre uma coisa e outra.

– A dificuldade para formar uma boa equipe de trabalho. Principalmente entre os mais jovens. Estão sempre entrando com data de saída. Eles não se fixam nem no emprego nem nas relações amorosas. – Ao mencionar os jovens, Muacy também falava de si mesmo e de Jarina. Ele continuou seu raciocínio: – A Magalhães ainda segue um modo de trabalho do tempo do meu avô. O emprego estável já existiu, sabia? Ainda restam alguns remanescentes daquela época. Eles adoram se reunir para contar histórias do tempo em que vovô promovia jantares para os funcionários com 25 anos de casa.

– Tem certeza de que isso não é lenda? – brincou Jarina.

– Meu avô conhecia todos pelo nome, inclusive os filhos deles. Hoje, no entanto, o emprego estável não atrai os jovens. Já tratei disso com os diretores, mas eles estão preocupados com outras coisas.

– Pois eu acho que tem algo mais que não contribui para a fixação, além do fato de serem jovens.

– E o que mais?

– Eles não têm clareza de "para quem" trabalham. Vejo isso também na Zênite.

– Eles sabem que trabalham para o patrão.

– Mas não sabem que trabalham para o cliente. Aliás, nem conhecem o cliente. Sabem do pedido, da ordem de serviço, da fatura. E, se não sabem para quem trabalham, o que fazem perde significado.

– Noto que as pessoas estão muito presas nas suas rotinas. Implementaram na Magalhães, há algum tempo, a descrição de cargos e funções. Forçamos as pessoas a entrarem e permanecerem nesses pequenos compartimentos, para fazer o que está predeterminado. Nada mais. Limitam-se a se repetir, dia após dia, semana após semana, mês após mês, ano após ano. Depois avaliam o desempenho de cada um, dentro desses restritos compartimentos.

– É claro que na primeira oportunidade vão dar no pé. Ou vão continuar, no piloto automático, como robôs cumpridores de obrigações. Não sei o que é pior.

– Ficar rodando de empresa em empresa, ou passar o resto dos dias, até se aposentar, atuando no piloto automático. Que triste fim! – frisou Muacy.

– O trabalho precisa ter significado. Antes de olhar para o cargo e as suas descrições, é necessário compreender para *quem* o trabalho se destina.

– Isso vale para a Zênite. Já a Magalhães é uma indústria. Produzimos bens intermediários. Nossos clientes são empresas grandes. Não acho que conhecer o nome de cada uma vai gerar alguma empolgação para elas.

– Primeiro, é preciso olhar menos para *o que* se faz e mais *para quem* é feito. E, segundo, o cliente nunca é uma pessoa jurídica, Muacy. Sempre é uma pessoa de corpo, mente e alma. Atender e satisfazer um cliente é tanto uma operação racional como emocional.

– Para mim isso soa estranho.

– Você consegue tocar a mente e o coração de uma pessoa, não de uma empresa. Precisamos aprender a tocar a mente e o coração das pessoas, porque são elas que constituem as empresas. – E concluiu: – Vem aí a Reviravolta AIA.

A REVIRAVOLTA AIA

"PODERIA HAVER MAIOR MILAGRE DO QUE OLHARMOS COM OS OLHOS DO OUTRO POR UM INSTANTE?"

HENRY DAVID THOREAU

14 A MÁGICA TRANSFORMADORA, PRIMEIRA SEMANA

O setor RC – Relacionamento com o Cliente era o lar de Jarina, onde não havia desconhecidos. Voltar para a sua mesa de trabalho e a sua equipe era tudo o que ela queria. Estava se sentindo como no primeiro dia de trabalho na Zênite. Mas, sensações à parte, era tudo bem diferente: agora chegava com uma intenção, um plano, ainda em elaboração, mas com nome: a Reviravolta AIA. Em vez de permanecer em sua sala, Jarina se reuniu com os colaboradores entre as baias que eles ocupavam. Precisava de espaço.

– Robson, Tânia, Matilde, Iolanda, Pedro e Cris, por favor, se acomodem à minha direita. Fernandes, Guilhermo, Rosilda, Bia, Antônia e Glorinha, à esquerda.

Eles não haviam sido informados sobre a demissão de Jarina, portanto a presença dela era parte da rotina. Estranharam, porém, aquela reunião abrupta, não agendada, com a participação de todos. Havia tempos que não acontecia algo semelhante. O local escolhido era inédito, porque geralmente os encontros eram na sala dela. Às surpresas somou-se a ansiedade, porque sabiam da política de contenção de custos na companhia.

– Tenho falhado com vocês. Estive tão obcecada em perseguir diariamente o Índice de Conversão que deixei passar oportunidades de conversas mais profundas entre nós.

Todos escutavam atentamente, alguns incomodados por não estarem aos seus telefones contatando clientes e preocupados em perder pontos quando não conseguiam fazer os clientes comprarem de novo. Outros pareciam ressabiados com a nova conduta da chefe, que ultimamente ficava mais dentro do que fora de sua sala.

– Precisamos arranjar tempo para trocar percepções. Nossas percepções são mais determinantes para os desempenhos do que informações, dados e estatísticas que constam nos relatórios da companhia. Talvez seja por isso que a gente use tão pouco esses dados.

Alguns continuavam mexendo no *headset* enquanto escutavam.

– Vocês estão muito isolados, embora trabalhem lado a lado. Quero ouvi-los e pedir que ouçam uns aos outros. Temos de aprender a nos ouvir, para saber como ouvir os clientes com a devida atenção.

Os mais dispersos começaram a se concentrar no que dizia a gestora, que parecia nova, não a mesma de antes.

– Eu sei que o tempo de escuta e de troca entre nós joga contra a produtividade e as recompensas. Mas, quando alguém é ouvido com atenção, tende a sair do isolamento e se sentir acolhido. Ouvir é uma mágica transformadora das relações.

A conversa exalava um novo e diferente aroma. Tinha cheiro de novidade.

– A qualidade do diálogo vai ser a porta de entrada para uma Zênite mais humana.

– Mas a Zênite *é* uma empresa humana – retrucou Matilde, apaixonada pela companhia.

– Humana de verdade, quero dizer... – contrapôs Jarina, sem a preocupação de se fazer entender imediatamente. – Aliás, como é mesmo o nome do nosso setor? – perguntou, já adiantando a resposta: – RC, Relacionamento com o Cliente.

Sua intenção não era bem fazer um longo discurso, mas levar o pessoal a refletir:

– Pois bem! Na prática do diálogo, primeiro entre nós, vamos aprender a melhorar a qualidade das conversas, para aplicar a experiência com o mercado. Quanto melhor nos comunicamos na equipe, mais vamos afinar a sintonia com as pessoas de fora.

Enquanto a equipe pensava, Jarina apresentou sua proposta, em tom desafiador.

– Vamos começar uma nova vida no trabalho, uma operação inédita chamada de Reviravolta AIA.

Ainda havia um ou outro disperso. Para despertá-los, Jarina fazia algumas pausas antes de continuar.

– Reviravolta significa uma mudança brusca na forma como estávamos trabalhando.

Silêncio.

– A Reviravolta AIA vai durar oito semanas, e esta é a primeira. Serão oito rodadas. Todos os dias vocês vão receber uma lista de clientes para contatar. Metade dos integrantes da equipe deve continuar usando o telefone, como antes. A outra metade fará o contato ao vivo, em conversas diretas com os clientes.

– Mas por que mudar o jogo agora? – perguntou Robson.

– Uma das razões é que o jogo estava errado.

De novo, ela notou a reação de muitos, estampada no rosto: "como assim? A Zênite fazendo o jogo errado?". Algo difícil de imaginar. Sem se importar com o incômodo evidente que despertava, Jarina deu mais informações.

– Todos receberão algumas questões para explorar, a cada semana. E não se repetirão, na próxima, quando haverá outros temas para diferentes interlocutores. Mudará, ainda, a composição dos grupos que ficam aqui e que saem às ruas.

– Sair às ruas? Mas isso vai diminuir a produtividade! – observou Fernandes.

– E vai afetar o Índice de Conversão – completou Cris.

– Para baixo – arriscou Robson.

– E afetará os nossos ganhos – lamentou Guilhermo.

– Sim e não – provocou Jarina, acrescentando de maneira realista o que viria adiante. – O curto prazo até pode ser prejudicado, mas vamos colher bons frutos no médio e longo prazos.

– É mesmo uma reviravolta… só que para trás – ironizou Iolanda, não vendo vantagem nenhuma na proposta.

– Eu entendo muito bem a preocupação de vocês, mas tenho certeza de que vão gostar do novo modelo de trabalho, aprendendo bastante com a Reviravolta AIA.

– Ah! Gosto de coisas novas, e o trabalho na Zênite estava ficando muito chato. Rodear os clientes com o mesmo discurso já estava esgotando até a minha paciência – disse Tânia, aliviada.

– Gosto muito da ideia e estou curiosa para ver no que vai dar – comentou Glorinha.

– Tenho minhas dúvidas – admitiu Antônia.

– Eu também – disse Rosilda.

Jarina acionou os que ainda não tinham falado, para saber o que pensavam.

– Ah! Sei lá! Estou com o que o grupo decidir – murmurou Bia.

– Bora! – instigou Pedro, sempre pau para toda obra.

Jarina sabia que nem todos estavam devidamente comprometidos. Mesmo assim, era preciso seguir em frente. Então, o trabalho começou, com o seu acompanhamento, alternando-se entre as duas equipes.

Na sexta-feira seguinte foi formada uma roda entre as baias para compartilhamento de informações e aprendizados. Alguns estavam mais animados, outros nem tanto. Os que haviam saído a campo estavam muito empolgados. Eles queriam contar.

– Cada um na sua vez. – Jarina estava feliz com o entusiasmo de alguns e tratou de coordenar a nova prática. – Importante agora é a escuta. E seguir algumas regras fundamentais: aceitar todas as informações sem julgamento e compreender o que está sendo dito. Vamos lá! Quem começa?

– Eu – adiantou-se Tânia. – Escutem só essa, que ouvi da nossa cliente Margarida Arantes:

"O pacote pronto me incomoda. É como se eu tivesse de compor um padrão preestabelecido, ao qual não me encaixo por completo. Tenho necessidades específicas, mas você parece ignorar que dois clientes nunca são iguais, tampouco suas necessidades, e você não está disposta a nenhuma flexibilização".

Pedro entrou no fluxo.

– Então ouçam o que disse o doutor Leandro. Ele nunca havia dito isso antes:

"Sei que você tem autoridade no que faz. Aliás, é isso o que espero: que tenha domínio e competência no seu negócio. Tem hora que a sua

autoridade é tudo de que preciso, mas, quando ela começa a se sobre-por à minha autonomia, sinto-me submetido às suas vontades. Você é o especialista sobre o que produz e vende, mas quem sabe sobre mim sou eu. Fico bem incomodado quando você quer me levar para onde eu não quero ir".

– Caramba! – Pedro deixou escapar, acrescentando: – Ele nunca havia dito isso antes.

Cris se apresentou, na sequência.

– A queixa do seu Paulo Aranha vai por aí:

"Eu me sinto bem desconfortável quando o processo e as informações estão todos nas suas mãos e eu fico à deriva".

– Isso que é necessidade de controle – Cris comentou.

– Sem julgamentos, lembram? – interveio Jarina. – Agora é registrar, aceitar e compreender. E você, Glorinha?

– Quando perguntei, não obtive uma resposta, mas um desabafo:

"De uma coisa você não pode esquecer: no final das contas, sou eu quem paga as contas. Então, devagar com o andor e não adianta colocar a carroça na frente dos bois.

Às vezes os seus interesses se sobrepõem aos meus e isso me desesti-mula a continuar comprando de você".

Quem se apresentou em seguida foi Bia.

– O que o cliente me disse também foi por aí:

"Quando você espreme o prazo para que eu tome a decisão sob pressão, parece que quer arrancar o pedido ou fazer a venda na base do tapetão. Afinal, você quer conquistar o pedido ou a mim? Na base da ameaça, você até pode acelerar a decisão e levar o meu dinheiro, mas desse jeito nunca vai me conquistar. É muito ruim o sentimento posterior de ter caído em uma cilada".

– Vocês sabiam que a Zênite pressiona e tenta arrancar o pedido "na base do tapetão?" – ela indagou.

– O problema, para nós, é a pressão para elevarmos o Índice de Conversão, e para isso não medimos esforços – resmungou Fernandes, contrariado com o novo modelo de trabalho.

– É claro... – disse Guilhermo, sinalizando os bolsos, mostrando o seu desagrado. – É o nosso ganho que está em jogo.

– Peraí – interferiu Jarina –, vocês estão burlando as regras do jogo. Agora é declarar o que escutou. Depois faremos nossas análises e interpretações. Ainda precisamos de mais informações para compor um quadro mais compreensível do que acontece. Parece que Rosilda quer falar...

– Escutei o seguinte:

"Sob ameaça e percebendo que quer me amedrontar, não pensarei duas vezes em migrar para outro fornecedor que me ofereça liberdade e paz de espírito. Por isso, não se chateie quando eu resolvo buscar outras informações para me sentir mais confiante ao tomar decisões".

– Desconfio da sinceridade do cliente – Rosilda acrescentou.

– Mas esta súplica se alinha a outras já ouvidas – contrapôs Cris.

– Espere aí – interrompeu Matilde –, porque também temos coisas boas, como esta aqui.

"Agrada-me quando, diante de alternativas, você me oferece espaço para fazer a minha escolha. E também aprecio quando você respeita o meu tempo para pensar na melhor alternativa, sem me pressionar. Assim eu me sinto respeitado e à vontade para, conscientemente, chegar à melhor decisão".

– A nossa Zênite sabe quando agrada – arrematou Matilde.

– Isto é, se ela souber *o que* agrada – acrescentou Cris.

– De vez em quando é bom ouvir algumas coisas óbvias – admitiu Iolanda –, mas que a gente esquece, como o seguinte:

"Compreenda que a melhor decisão para mim também é a melhor para você, no médio e longo prazos. Quem disse que tudo é para já? Penso que a nossa relação vai além dos prazos espremidos das metas e necessidades financeiras de sua empresa. De que adianta atingir as metas do mês e perder o cliente para sempre?".

– Quem precisa ouvir isso é a diretoria – ela mesmo arrematou, desdenhando.

E Bia não perdeu a chance de apresentar outra opinião recolhida:

"Sei que não tenho todo o tempo do mundo para titubear, retardando as decisões. Sei, ainda, que algumas são mais simples e outras, mais complexas. Um senso de urgência até cai bem, mas quando é voltado aos meus interesses, não aos seus".

– Quem falou e disse foi o seu Sampaio.
– Essa pegou – disse Cris –, escutem:

"A tecnologia é algo que vem para ajudar – ou não –, a depender das intenções. Se é para aumentar a minha autonomia, que seja bem-vinda. Se é para melhorar seus controles e reduzir custos, é bom pensar a respeito. Prefiro interagir com alguém que compreenda e resolva o meu problema ao abandono no autoatendimento".

– Se essa pegou – emendou Tânia –, então escutem a próxima:

"Noto, também, que você sabe mais sobre mim do que eu de você e de sua empresa. Afinal, você tem muitas informações a meu respeito e nem sei o que faz com elas. Mais um exemplo de sua autoridade sobre a minha autonomia".

Jarina notou que nem todos estavam curtindo as descobertas e os aprendizados. Alguns não estavam se ligando na riqueza das informações. Abriu mais espaço para as respostas:

"Espero que saiba fazer bom uso das informações que forneço e que respeite o meu anonimato. Não se chateie se eu não quiser oferecer meus dados. É um direito que tenho.

Se fizer bom uso de minhas informações, terei o maior prazer de mantê-las atualizadas, até porque, se estiverem erradas, não terão utilidade nem para você nem para mim.

Por outro lado, ofereça-me o máximo de informações que puder para que eu me sinta mais seguro nas minhas decisões".

Jarina ouvia atentamente, mas também de olho no clima reinante. Naquela primeira semana, a "pescaria" tinha sido farta, talvez além do esperado. Embora animasse mais alguns do que outros, Jarina sentia estar no caminho correto. Agora, sim, o setor de RC – Relacionamento com o Cliente começava a cumprir o seu papel de função estratégica na companhia.

Para Jarina, a Reviravolta AIA tinha todo o potencial para fazer a mudança necessária na Zênite. Mas ela, como gestora, ainda tinha algumas cancelas pela frente: conquistar toda a equipe e o diretor. Como Kiran ia avaliar tudo aquilo?

15 O OUTRO LADO DO BALCÃO

Jarina sentia que a semana valera a pena. O número de contatos semanais foi reduzido, o Índice de Conversão continuava em queda, mas ela intuía que estava com um trunfo nas mãos. E aquilo era só o começo. Vislumbrava uma nova Zênite, pois a empresa estava mesmo envelhecendo encastelada em sua aristocracia, mas ainda se beneficiava do sucesso de outrora.

Naquela sexta-feira invernosa, aceitou o convite de Muacy para voltarem à hamburgueria. Queria contar sobre a semana, sem admitir para si mesma que ouvi-lo também seria importante, justo ela que falava muito mais quando conversavam.

– Como é bom vê-la animada! – comentou Muacy, depois de ouvir os relatos da namorada. – Mas leve em consideração que essas coisas dão certo na Zênite, onde o serviço é mais importante do que o produto. Isso não funcionaria em uma indústria, como a Magalhães.

– Quem disse? – retrucou Jarina de supetão. – Afinal, todos nós prestamos serviços, independentemente do setor econômico. E esse pode ser o pulo do gato para encontrar um diferencial, inclusive na Magalhães. – Enquanto saboreavam seus lanches prediletos, ela provocou: – Como tem sido a sua experiência do "outro lado do balcão"?

– Como assim? Lembre-se que eu cuido da área de tecnologia.

– Você sabe por que as tentativas de implantação de programas ainda não funcionam, as encomendas continuam atrasando, os técnicos não cumprem agendas combinadas, a espera no telefone é cada vez mais angustiante e as queixas dos clientes, quando há interesse por eles, ficam armazenadas, sem respostas? Porque as pessoas não vão para o outro lado do balcão.

– Sobrou para mim – Muacy procurou se esquivar, sem desistir de seu argumento. – Ainda assim, insisto: o nosso mercado é diferente. Os clientes, além das exigências que nos apresentam, jogam entre si em campos opostos, como se fossem adversários tentando levar vantagem uns sobre os outros. Os dois lados ficam em guarda, em posição preventiva de defesa, para enfrentar da melhor maneira eventuais ofensivas.

– Vocês estão negociando ou guerreando com eles? – Jarina seguiu provocando.

– Os clientes querem o melhor produto, a melhor qualidade e o melhor serviço pelo menor preço. A Magalhães sonha com a melhor margem de lucro, a fim de faturar mais e sobreviver.

– Desse jeito, o cenário é de duelo, não de serviço.

– Essa é a realidade – reconheceu Muacy.

– Essa é a realidade que vocês criaram – instigou Jarina. – A relação com os clientes é muito rasa. E a sua, então...

Muacy procurou ganhar tempo para refletir, enquanto terminava de devorar o sanduíche, quase ao mesmo tempo que a namorada, ambos com as mãos reluzindo de mostarda e ketchup.

– Tudo começa com a maneira como o cliente é visto. Na Zênite, como estatísticas, gráficos, faixas. Na Magalhães, pelo que pude entender, como pedidos, carteira, faturamento. Nos dois casos existe uma gélida distância entre os clientes e as empresas.

– Repetir que o cliente é importante é um discurso do qual ninguém, em sã consciência, discorda.

– Mas do discurso para a prática existe uma boa distância. No fundo, o cliente é importante, mas não recebe o tratamento condizente com esse status. Ninguém procura saber, realmente, o que ele necessita, nem mesmo quando tenta explicar.

– Quem, afinal, quer investir tempo e atenção para desvendar esse enigma?

– É isso que comecei a fazer, agora, na Zênite – reafirmou Jarina. – Embora os clientes sejam importantes, cada vez mais as equipes comerciais são treinadas para a transação isolada. O que será que ocupa a cabeça das pessoas que os atendem?

– As metas de vendas, o faturamento do dia, a comissão no final do mês, a geração de caixa... é o que prevalece.

– Não existem, portanto, nem intenção nem instrumentos para estabelecer relacionamentos duradouros.

– Estamos apostando na tecnologia como recurso adequado para melhorar o atendimento.

– Nenhum sistema informatizado, por mais sofisticado e caro que seja, oferece por geração espontânea real conhecimento sobre o cliente e suas necessidades. Até porque essa não é a premissa dos programadores.

Refletindo em silêncio, Muacy arrumou as bandejas de ambos, para levar as embalagens ao lixo. Ao mesmo tempo, se sentia satisfeito por ter conseguido dois encontros com a namorada em tão pouco espaço de tempo.

16 OPOSIÇÃO E CONEXÃO

Jarina estava em seu quarto preparando a primeira reunião com Kiran quando escutou um estrondo, que parecia vir da cozinha. Assustada, correu até lá, preocupada com sua mãe. Dona Áurea, espantada e bem confusa, estava se sentando na cadeira de fórmica, aos prantos. A pilha de pratos que antes levava nos braços jazia no chão, espatifada em mil caquinhos.

– Calma, mamãe, não chore – consolou Jarina. – São só pratos, a gente compra novos.

– Não iguais a esses – dona Áurea continuou choramingando, muito sentida. – Eram da minha avó.

– Uma hora haviam de quebrar... é o que acontece com os que a gente usa e lava. Estão em risco, mas não inutilmente a salvo, sem ir à mesa.

– Sempre levei esses pratos da pia para o armário, sem problemas e do mesmo jeito. Hoje, parecia que estavam mais pesados do que das outras vezes.

– Mamãe, está feito. Ainda bem que a senhora não tropeçou. Fique tranquila, sentadinha aí. Vou esquentar água para fazer um chá e, enquanto espera, num instante limpo o chão.

Jarina sabia que um dos efeitos da doença degenerativa autoimune da mãe era, justamente, o enfraquecimento dos músculos.

Existem moléstias passageiras; algumas nunca se repetem. Outras vêm para ficar. Todas têm suas funções. Dona Áurea não era de reclamar. Sabia conviver com limitações. Mais ainda: tratava de aprender alguma coisa com isso.

Para ela, a função do mal que a vitimava era fazê-la sentir-se viva e valorizar ainda mais a vida. Gostava de fazer tantas coisas corriqueiras, às quais dava imenso valor. Nada como ampliar os conhecimentos, sair com as amigas, ir ao cinema, cuidar da casa e, especialmente, da filha. Diante da fragilidade e do efêmero da vida, tudo ganhava importância dobrada e os problemas transformavam-se em picuinhas. Com aceitação, a doença deixa as pessoas mais humanas e, no caso de dona Áurea, mais sábia.

– Não queria dar trabalho a você, querida. Sei que deve estar preparando o seu primeiro encontro com o senhor Kiran.

– Acertou, mamãe, mas ainda tenho tempo de sobra. E um chá vai cair muito bem, para ajudar a clarear a mente. Kiran é austero e pragmático, é breve e, às vezes, direto ao ponto. Quer saber de resultados e nada mais lhe interessa.

– É importante compreender que todo relacionamento humano é feito de oposição e conexão. Vocês podem divergir, mas haverá pontos de convergência, ajudando a conversa a prosperar.

– Pressinto quais sejam os nossos pontos de oposição e de conexão. Por isso me preparo.

– É que não é um ou outro. É um e outro. Muitas relações não prosperam porque queremos um lado sem o outro. A minha vida com o seu pai teve muita oposição, mas mesmo com dificuldade conseguíamos atingir a conexão.

– O que a gente quer de verdade é a conexão.

– Esse é o objetivo, mas não acontece sem a oposição.

– Entendi. Boa dica!

– Como resultado, desejamos a conexão, mas o processo para isso é a oposição. Precisamos compreender essa dinâmica para construir relações mais sólidas e verdadeiras.

– Mas existem afinidades, mamãe. Pessoas com quem a gente está sempre em conexão.

– Filha, você vai perceber que mesmo as afinidades existem por razões distintas. Por isso, os conflitos são inevitáveis. Muitas vezes é justamente por causa dos conflitos que a gente acaba chegando ao entendimento. Parece estranho, mas acontece!

– Noto, na empresa, que a oposição é sufocada quando a hierarquia se intromete mais do que devia e o autoritarismo tenta uma conexão à força.

– Nos relacionamentos desequilibrados, em que uma parte pesa mais que a outra, sempre existem rancores e ressentimentos – acrescentou dona Áurea.

– Tem gente que prefere o isolamento para não enfrentar os embates nas relações.

– Mas o isolamento não garante a paz de espírito nem nos faz crescer. A pessoa vai ficar duelando consigo mesma. Se quisermos a desejada paz de espírito, temos de admitir que alcançá-la depende dos relacionamentos, e deles não nos livramos.

– Mas há quem sonhe se afastar, fugir de tudo e de todos, esconder-se no meio do mato, refugiar-se em uma caverna, como fazem os ermitões, entre outras fantasias de tirar o time de campo, bater em retirada, desertar. Tudo para evitar o combate. Eu mesma já pensei nisso muitas vezes.

Jarina terminou de retirar os cacos e deixou de lado a pá e a vassoura, aproximando-se do fogão para fazer o chá.

– Melhor é compreender e aceitar o pacote completo. E isso inclui oposições, colisões, divergências, convergências e, claro, conexões com seus alinhamentos e afinidades.

“Espero que, amanhã, Kiran manifeste esse tipo de inclinação”, Jarina comentou consigo mesma.

17 A PRIMEIRA SÚPLICA

Jarina não arranjava posição para o cachecol. Ora cobria o nariz, ora o afastava da boca. Inquieta, alternava movimentos contrários: afrouxava, apertava. Também o gorro na cabeça parecia não ter lugar. Ela aguardava na antessala vazia, quando sentada sentia frio e, ao caminhar, para lá e para cá, conseguia se aquecer. Então recomeçava tudo de novo, o cachecol, o gorro, as posições.

Na parede, havia um quadro com os dizeres de um provérbio árabe: *Se o cavalo vencer uma vez, sorte. Se o cavalo vencer pela segunda vez, coincidência. Se o cavalo vencer pela terceira vez, aposte nele.* E se Kiran considerasse mero golpe de sorte as descobertas da primeira semana?

Já passava da hora combinada e a reunião da diretoria não terminava. Jarina sentia gotas de suor escorrendo das axilas rumo à cintura – de calor ou puro nervosismo. Do que estão tratando? Será de economia, mercado, concorrência? Será de contenção de custos? Será de Índice de Conversão, justamente o que baixou mais ainda na semana passada?

Jarina estava ansiosa para conversar com Kiran sobre a Reviravolta AIA. Ele precisava saber das primeiras descobertas. A reunião não podia ser adiada, porque agora só lhe restavam sete semanas. Não era só seu emprego que estava em risco, mas também o futuro da empresa.

Embora fosse uma empresa bastante premiada, a Zênite se perdera no caminho. Estava sem rumo. Mantinha o fôlego, mas perdia lucros a cada dia. Seus resultados não eram mais aqueles dos tempos áureos, e a companhia ia ficando mais fraca, sem que a tendência de declínio fosse notada por olhares superficiais. Jarina tinha provas disso: as declarações dos clientes – as fontes mais confiáveis de resultados. Sem eles, nada.

Ela não parava de consultar o relógio, sempre atenta à porta da sala de reuniões, onde ela almejara estar, lá nas nuvens, no mundo hermético dos CEOs, tão distante do que acontece no mundo dos mortais. Ela permanecia fora, embora estivesse ali como mensageira do mundo onde a vida acontece e com informações necessárias para resolver questões que talvez estivessem sendo tratadas onde seu acesso era vetado.

Finalmente, o encontro acabou. Gente sisuda carregava pastas e tabletes, passando apressadamente por ela. Alguns até a cumprimentaram, com uma breve e seca saudação; outros sequer notaram sua presença. Visto assim de perto, o Olimpo não parecia tão magnífico como ela imaginara no tempo de faculdade.

A sala se esvaziou e nada de Kiran. A aflição de Jarina só aumentava. Será que ele não veio? Logo hoje? Ficou de pé, olhos fixos na porta. Depois de poucos segundos, que lhe pareciam longas horas, ele surgiu, com a testa franzida, a face crispada, aparentando um tremendo cansaço emocional.

– Kiran, bom dia!

– Oi, bom dia – murmurou, lacônico.

– Vamos à nossa reunião?

– Sim, estamos atrasados mais de uma hora e tenho uma porção de decisões para encaminhar. Espero concisão – ele rosnou, irritado, mal-humorado, sem energia.

Jarina não esperava ter de enfrentar um clima tão contrário ao que imaginara, com tempo e espaço para apresentar as declarações dos clientes e o trabalho da equipe.

– O que eu tenho a dizer é importante.

– Entre – Kiran, secamente, a recebeu.

Jarina vasculhou a sala, de relance. Parecia um cenário de batalha. A lousa branca estava toda rabiscada, o projetor continuava ligado, com a imagem da logomarca da companhia na tela; xícaras de café e copos usados jaziam sobre a mesa, misturados a folhas de papel garatujadas. Dava para sentir, ainda, o ar carregado por problemas discutidos e decisões tomadas.

– A matriz quer acentuar ainda mais os cortes. Dessa vez não somente ceifando lideranças, como foi o seu caso, antes de nosso acordo, mas departamentos inteiros. Dentre eles, o RC, Relacionamento com o Cliente.

– Não acredito! – ela exclamou, zangada. – Como podem demitir um departamento inteiro? E de relacionamento com o cliente? Que absurdo!

– Eles acham que o seu setor não está servindo para nada, pois não consegue reverter o Índice de Conversão. Consideram que se trata de um custo desnecessário de folha de pagamentos, espaço físico, equipamento de apoio, computadores e outros componentes indiretos do conjunto.

– As pessoas estão animadas, empenhadas e confiantes com essa nova fase.

– Não duvido, mas custam caro. A empresa paga para contratar, manter e, depois, demitir. Tudo custa. A conta se amplia quando abarca a aquisição de computadores, crachás de acesso, telefones celulares e *headsets*, ar-condicionado, mobiliário.

"Kiran está muito influenciado pelas conclusões da diretoria feitas há pouco", pensou Jarina, encarando o óbvio.

– Além de tudo, os funcionários precisam de transporte, refeição, assistência médica. Isso quando não adoecem e ficam afastados, à nossa custa.

O mau humor corria solto.

– Chegam sem saber nada e depois que aprendem alguma coisa vão embora. Nem agradecem. – Kiran seguiu sem esconder o desabafo.

"Não tinha dia pior para apresentar a Reviravolta AIA", avaliou Jarina.

– Sem contar que ficam fofocando pelos corredores depois da vigésima xícara de café. – Kiran parecia estar desabafando tudo o que o irritava, ao longo de três décadas de trabalho. – E ainda tem mais: corremos o risco de desembolsar mais ainda, quando entram com processos em condições de receber uma sentença positiva. Então, é melhor demiti-los, antes que peçam aumento.

Jarina respirou fundo. Desde sempre, seus colaboradores se esforçavam bastante, ainda que de forma errada, antes. Sabia que eles sempre estavam dispostos a oferecer o melhor de si.

"O empenho continua, direcionado agora para o que vai virar o jogo. Isso precisa ser reconhecido", pensou Jarina, certa de que o RC era a chave da virada da companhia, tanto no Brasil como nos Estados Unidos.

Em completo silêncio, serviu-se de água e ofereceu um copo a Kiran, na esperança de que ele conseguisse tomar fôlego para prestar atenção no que ela estava pronta a dizer.

Jarina lembrou-se da conversa com dona Áurea sobre a conexão e a oposição. Mesmo que agora ambos se colocassem em terrenos opostos, não seria impossível encontrar um ponto de conexão.

– Eu sei que posso parecer uma garota folgada diante de tantos homens experientes que acabaram de sair daqui – começou Jarina, tentando ser ouvida. – Sei, também, que você duvida de minha capacidade de trabalhar na Zênite por conta dos atuais desafios. Sou grata e valorizo tanto o que posso contribuir como o voto de confiança recebido. Eu quero honrar essa oportunidade que me foi dada.

Kiran escutava com o semblante fechado, tenso, rugas na testa.

– Talvez um novo olhar, mais feminino e jovem, a partir de um ângulo diferente, possa ajudá-los nesse momento – afirmou Jarina, certa de que tocava em uma questão controversa, a julgar pela composição essencialmente masculina daquele Olimpo.

Kiran se mantinha impassível, somente o sutil tique da sobrancelha denunciando sua irritação.

– Acredite, farei tudo para não desapontá-lo – suplicou.

Kiran, finalmente, olhou para ela.

– Uma dúvida: além dos cortes de pessoal, vocês falaram de clientes? – ela questionou, com firmeza.

Kiran repassou rapidamente a pauta. Não, não falaram. Concentraram-se nas cobranças vindas dos Estados Unidos, principalmente sobre as metas, os orçamentos, o Índice de Conversão em baixa.

– Kiran, desculpe o atrevimento, mas será que os seus diretores sabem quem é o cliente da Zênite? Eles o conhecem? Existe um consenso a respeito da própria empresa? Ou é como se cada um vivesse uma Zênite distinta?

Pela expressão enigmática dele, Jarina não tinha parâmetros para concluir se Kiran a escutava ou ainda estava retido na batalha anterior.

– Sei que temos as estatísticas, mas não vale classificar o cliente apenas como pessoa física ou jurídica, depois incluir os dados cadastrais, descritos com aspectos superficiais, do tipo faixa etária, digamos dos 32 aos 70 anos, em que se incluem gregos e troianos. Ou então classificá-los como ensinava o velho marketing, há 50 anos, em classes A, B e C. Dada a insuficiência da formatação, passou-se a considerar outras, AB, BC, CD, mantendo, assim, a impessoalidade e superficialidade da antiga e ultrapassada economia.

Kiran deu claros sinais de que começava a prestar atenção. Jarina sentiu-se mais aliviada, livrando-se da apreensão, a ponto de indagar:

– O que o cliente busca?

– Agilidade, preço baixo, qualidade, suporte técnico, pós-venda, e somos os melhores nisso tudo – Kiran finalmente se manifestou, abrindo espaço para o diálogo.

– De acordo com essa concepção, o cliente não passa de um mero agente mercantil, e a transação continua comercial. A companhia perde qualquer possibilidade de firmar com ele um relacionamento mais fecundo.

– A Zênite tem o melhor portfólio de produtos do mercado e a melhor prestação de serviços.

– Sobre isso, até concordo. O que a Zênite faz é concentrar-se nos atributos do produto (tamanho, qualidade, confiabilidade etc.) e em seus aspectos comerciais (preço, prazo de entrega, descontos etc.).

– Exatamente.

– Então, é provável que surjam poucas ideias, pois o espaço para a criatividade está restrito ao produto e às suas limitações físicas e técnicas, resultando apenas em variações sobre o mesmo tema.

Kiran parecia incomodado, mas continuava atento, de maneira que Jarina prosseguiu.

– Se o ângulo de visão se voltar verdadeiramente para o cliente, conhecer suas necessidades e buscas vai transformar o espaço de relacionamento em um espaço de criatividade. Assim, acredite, as oportunidades se expandem como pipoca. Não há lugar para a crise. Esse é o esforço que lhe peço: mantenha nossa equipe a salvo de demissões, para que a gente possa continuar o trabalho de maneira que um novo mundo se abra para a Zênite, seus negócios e resultados.

De fato, Kiran parecia relaxar um pouco com aquela conversa tão diferente da que ocupara grande parte da manhã. Jarina ainda tinha mais a dizer:

– Proponho um exercício. Esqueça por enquanto os produtos e serviços e preste atenção no ser humano que é o cliente. Não se limite a vê-lo como um mero comprador de que a empresa necessita para emitir o pedido ou a nota fiscal.

Quem agora tomava a iniciativa de servir a água era Kiran, ainda disposto a continuar ouvindo a jovem gestora:

– O cliente tem uma quantidade incrível de informações sobre si mesmo às quais nós não temos acesso, a menos que perguntemos da maneira correta e com verdadeiro interesse pelas respostas. Ele sabe do que necessita, o que busca e o que o constrange, nós não sabemos. Ele conhece suas expectativas, seus sonhos e medos, nós não sabemos. Nossa missão é desvendá-lo, para o bem dele e da empresa.

Jarina levantou-se resoluta e disse, firmemente:

– Já conheço algumas súplicas de clientes da Zênite que mostram em que estamos errando e como poderíamos acertar.

Jarina havia preparado um documento impresso com todas as súplicas que sua equipe havia captado e entregou para Kiran ler.

– Não vai levar mais do que cinco minutos – avisou, entusiasmada.

Quando preparou o conjunto de observações captadas, agora sem nenhuma interrupção ou inclusão de comentários, notou que parecia ainda mais revelador e contundente. Era, na verdade, uma mistura de alerta com farol.

"O pacote pronto me incomoda. É como se eu tivesse de compor um padrão preestabelecido, ao qual não me encaixo por completo. Tenho necessidades específicas, mas você parece ignorar que dois clientes nunca são iguais, tampouco suas necessidades, e você não está disposta a nenhuma flexibilização."

"Sei que você tem autoridade no que faz. Aliás, é isso que espero: que tenha domínio e competência no seu negócio. Tem hora que a sua autoridade é tudo de que preciso, mas, quando ela começa a se sobrepor à minha autonomia, sinto-me submetido às suas vontades. Você é o especialista sobre o que produz e vende, mas quem sabe sobre mim sou eu. Fico bem incomodado quando você quer me levar para onde eu não quero ir."

"Eu me sinto bem desconfortável quando o processo e as informações estão todos nas suas mãos e eu fico à deriva."

"De uma coisa você não pode esquecer: no final das contas, sou eu quem paga as contas. Então, devagar com o andor e não adianta colocar a carroça na frente dos bois.

Às vezes os seus interesses se sobrepõem aos meus e isso me desestimula a continuar comprando de você."

"Quando você espreme o prazo para que eu tome a decisão sob pressão, parece que quer arrancar o pedido ou fazer a venda na base do tapetão. Afinal, você quer conquistar o pedido ou a mim? Na base da ameaça, você até pode acelerar a decisão e levar o meu dinheiro, mas desse jeito nunca vai me conquistar. É muito ruim o sentimento posterior de ter caído em uma cilada."

"Sob ameaça e percebendo que querem me amedrontar, não pensarei duas vezes em migrar para outro fornecedor que me ofereça liberdade e paz de espírito. Por isso, não se chateie quando eu resolvo buscar outras informações para me sentir mais confiante ao tomar decisões."

"Agrada-me quando, diante de alternativas, você me oferece espaço para fazer a minha escolha. E também aprecio quando você respeita o meu tempo para pensar na melhor alternativa, sem me pressionar. Assim eu me sinto respeitado e à vontade para, conscientemente, chegar à melhor decisão."

"Compreenda que a melhor decisão para mim também é a melhor para você, no médio e longo prazos. Quem disse que tudo é para já? Penso que a nossa relação vai além dos prazos espremidos das metas e necessidades financeiras de vocês. De que adianta atingir as metas do mês e perder o cliente para sempre?"

"Sei que não tenho todo o tempo do mundo para titubear, retardando as decisões. Sei, ainda, que algumas são mais simples e outras mais complexas. Um senso de urgência até cai bem, mas quando é voltado aos meus interesses, não aos seus."

"A tecnologia é algo que vem para ajudar – ou não –, a depender das intenções. Se é para aumentar a minha autonomia, que seja bem-vinda. Se é para melhorar seus controles e reduzir custos, é bom pensar a respeito. Prefiro interagir com alguém que compreenda e resolva o meu problema ao abandono no autoatendimento."

"Noto, também, que vocês sabem mais sobre mim do que eu de você e de sua empresa. Afinal, você tem muitas informações a meu respeito e nem sei o que faz com elas. Mais um exemplo de sua autoridade sobre a minha autonomia."

"Espero que saiba fazer bom uso das informações que forneço e que respeite o meu anonimato. Não se chateie se eu não quiser oferecer meus dados. É um direito que tenho.

Se fizer bom uso de minhas informações, vou ter o maior prazer de mantê-las atualizadas, até porque, se estiverem erradas, não terão utilidade nem para você nem para mim.

Por outro lado, ofereça-me o máximo de informações que puder para que eu me sinta mais seguro nas minhas decisões."

– Mas eles estão falando da Zênite? – claramente espantado com o que lia, Kiran baixou definitivamente a guarda.

– Sim, senhor! – Jarina economizou palavras.

– Estou impressionado com o que li. É possível ter mais informações?

– Claro que sim! Lembre-se que este é somente o resultado da primeira semana. Imagine o que virá em seguida.

– Qual foi a fórmula para chegar a essas respostas? Pode ser replicada?

– O segredo, tão simples, é fazer perguntas em contato direto, seja por telefone ou indo a campo. E ouvir com interesse e sem julgamento. Uma das lições que ficaram bem claras para nós é que sempre devemos respeitar o tempo deles para a tomada de decisão, sem pressioná-los.

– Às vezes a pressão é necessária, principalmente no final do mês – ele discordou, justificando-se.

– Reflita a partir do que leu: não podemos colocar nossos interesses à frente das necessidades deles.

Kiran nem comentou, mas continuou ouvindo Jarina com a mesma atenção.

– Dentro das possibilidades que nós oferecemos, eles devem ter espaço para fazer as suas escolhas.

– Mas a ideia é que não tenham nenhuma outra escolha que não seja a Zênite – ele argumentou com a habitual obviedade, seguindo à risca a cartilha da empresa.

– Está bem claro o que eles dizem: vão procurar outras opções se as nossas soluções forem prontas, sem flexibilização ou adaptação às suas necessidades específicas.

– Mas, afinal, qual é a súplica mais relevante?

– Adivinhe! – Jarina instigou a curiosidade de Kiran.

Antes de responder, ele releu tudo.

– O cliente não quer ser enquadrado – ele concluiu, sucinto como sempre.

– Exatamente. Ele não quer se sentir limitado, submisso, pressionado.

– Entendi que ele valoriza a flexibilização, quer algo sob medida, tendo liberdade e sossego para decidir.

– Então podemos denominar essa súplica de DÊ-ME AUTONOMIA!

– É... – ele demorou um pouco na reflexão, mas estava, sim, convencido. – É isso que eles querem! Mas vocês conseguiram uma amostra muito pequena diante do universo de clientes da Zênite. Como farão para ampliar o espectro?

– Hoje só trouxe uma degustação. Estamos apenas no começo. Dê o tempo que eu lhe pedi, confiando que faremos um belo trabalho.

A expressão de Kiran dizia que ele estava em um mato sem cachorro, mas conseguira mais conteúdo na conversa com Jarina do que na reunião da diretoria. Assim, declarou que aceitava as condições, afastando o risco de corte do setor de RC nas próximas sete semanas.

– E o que significa mesmo Reviravolta AIA?

Jarina sorriu, enigmática.

– Aguarde, logo mais saberá.

18 OLHAR ENVIESADO, SEGUNDA SEMANA

Todos aguardam ansiosos, nas baias, a chegada de Jarina. Conversavam animadamente, alguns mais curiosos com o desafio da segunda semana, outros temerosos com a aprovação lá de cima, em dúvida se permitiriam ou não a continuidade da experiência. O clima estava ainda mais tenso na companhia e o Índice de Conversão em declínio alimentava boatos sobre demissões.

Ao sair do elevador, ainda no hall, Jarina atraiu todos os olhares. Ela se surpreendeu com a cena à frente. Nunca tinha visto os colaboradores tão desligados de seus *headsets*, sendo que alguns estavam em cima das mesas e outros pendurados nos pescoços, não pendendo das orelhas.

A gestora de outrora cobraria de imediato a tarefa contínua de contatar clientes para que a meta de atendimento fosse atingida ou, no melhor dos mundos, superada. Para isso, quanto mais rápido cada um se livrasse da ligação em curso, melhor. Nada de empatia, de tentar compreender o problema relatado atenta e cuidadosamente, com risco zero de estabelecer alguma conexão emocional.

A gestora de agora tinha outras intenções, incentivada pela prática. Ela também aprendia, e muito, a cada passo. Na equipe, os ânimos divergiam. Para Robson, a semana anterior havia sido fogo de palha e tudo retornaria ao que era antes. Fernandes ressentia-se da queda no indicador de atendimento e Guilhermo se preocupava ainda mais por causa da diminuição dos ganhos por atendimento. Rosilda continuava ressabiada, e Antônia em dúvida se o novo modelo de trabalho de fato conseguiria reverter o Índice de Conversão.

Por outro lado, Tânia estava animada com a nova gestão, e Glorinha bem curiosa com o desafio da segunda semana. Para Matilde, valia o que fosse melhor para a companhia, enquanto Bia oscilava ao sabor dos ventos, ora favorável, ora desfavorável ao novo modelo.

– E aí, como foi a reunião no monte Olimpo? – perguntou de chofre Iolanda, num misto de ansiedade e ironia.

– Antes de mais nada, bom dia a todos! – Jarina sorriu, achando a cena bem divertida, porque as expressões das pessoas revelavam como estavam curiosas. – Nos saímos bem na primeira semana do nosso desafio – ela afirmou sem titubear, certa de que assim aguçava a disposição de todos para a ação.

Boa parte deles respirava aliviada, mas os ânimos eram distintos: havia quem se animasse para a nova etapa e quem ainda se mantivesse em guarda em seus postos de trabalho, com certa desconfiança no olhar enviesado. Jarina tratou de sintetizar o resultado inicial:

– Na semana anterior descobrimos que as súplicas dos clientes podiam ser resumidas em uma só: "dê-me autonomia!". É o que pudemos concluir ao estudá-las com atenção. Kiran ficou surpreso com o material que coletamos. Deve começar a moldar as estratégias com o reconhecimento das súplicas.

– Desculpe se dei um fora – informou Pedro –, mas acabei contando para alguns setores o que descobrimos sobre os clientes.

– Sem problemas, Pedro. Algumas de nossas descobertas influenciarão as estratégias da companhia, outras são providências que podem ser implementadas de imediato.

– Poxa! Isso é mais dinâmico e essas informações são mais interessantes do que os relatórios que antes gerávamos diariamente – comentou Cris.

– ... e duvido que sirvam de alguma coisa... – acrescentou Rosilda, expressando sua desconfiança.

– Parece um sonho o RC finalmente contribuir para as estratégias da companhia! – disse Matilde, mais para expressar o que sentia do que para contradizer Rosilda.

– Então vamos começar já o desafio da segunda semana! – anunciou Jarina. – Quem saiu a campo troca de posição com os que ficaram nas baias.

Sem levar em conta aprovações e resmungos, Jarina entregou a cada um a lista de clientes e as perguntas a fazer. Não precisava repetir instruções já indicadas a princípio.

– Estou por aqui se precisarem esclarecer dúvidas e orientações. Na sexta-feira à tarde vamos nos encontrar para compartilhar as próximas descobertas. Bom trabalho para vocês!

19 ALÉM DO QUE SE VÊ

Jarina sabia da falta de consenso entre os seus colaboradores sobre o novo modelo de trabalho. Precisava conquistar a mente e o coração de todos para que o seu plano tivesse sucesso.

"Saber se relacionar é mesmo uma arte", ela se entregava aos pensamentos, para expandir perspectivas, quando se recolhia em sua sala. "Quando ceder? Quando não afrouxar? Quando exercer a autoridade? Quando distender o poder? Como lidar com os conflitos?" Ser gestor era mesmo um grande desafio, concluiu, ainda mais estimulada para continuar. Lembranças da vida em família surgiram para iluminar suas perspectivas.

Considerava admirável a tolerância de sua mãe para com o seu pai. Ele, quase sempre, irritadiço, preocupado e temeroso. Ela serena, amorosa e compassiva na maior parte do tempo. Dois opostos que dona Áurea soube fazer dar certo. Qual era o segredo?

Ao voltar para casa, Jarina procurou desvendá-lo em mais uma longa e agradável conversa com dona Áurea.

– O mundo não é um mar de rosas. Longe disso! – sua mãe começou a filosofar, acomodada na cadeira de balanço. – É um lugar de conflitos, e o maior desafio é saber lidar com eles e com o que os precede: as relações. Tudo é relacionamento: negócios, liderança, casamento, a própria vida. O conflito faz parte do pacote.

Lembrando da sua relação com Janos, ela sempre encontrava uma forma de ressaltar a importância de compreender ambos os lados, sem aliviar a sua parte.

– É claro que a gente se desaponta, uma vez ou outra. Quem está livre das decepções? Só que, na mesma medida, também desapontamos os outros.

Jarina pensou no que sentiu em relação a Kiran quando foi demitida, mas admitiu que o contrário também devia ter acontecido, ou seja, ela também o decepcionara. Desencantos de parte a parte podiam ser observados em suas outras relações: com Muacy, os integrantes de sua equipe, os colegas de trabalho das demais áreas da empresa, as amizades.

– As relações vão além do que se vê.

– Explique melhor, mamãe – ela pediu, enquanto servia a xícara de chá recém-preparado como digestivo.

– O fato é aquilo que se vê. As relações vão muito além dos fatos. Se ficarem restritas apenas aos fatos, as relações se tornam superficiais.

– O que mais existe são relações superficiais – Jarina admitiu, com ar de frustração.

– Isso acontece quando ficam limitadas ao que se vê. E o que se vê são os fatos, os comportamentos e as ações. Essa pequena parcela de um todo bem maior pode ser enganosa.

– Mamãe, a senhora me disse que boa parte da nossa felicidade depende diretamente da qualidade das nossas relações. Então, se vivermos apenas essa superfície, a nossa felicidade vai ficar comprometida, estou certa?

– Sim, está. Quando a gente fica apenas no que é dito, fantasia sobre o que não foi dito. Essas fantasias são muito perigosas. Elas costumam ficar bem longe da realidade.

– Entendi. O fato, o comportamento ou a ação eu consigo observar; tudo o mais não passa de mera imaginação.

– E onde mora o perigo? – perguntou dona Áurea, degustando mais um gole do chá aromático. – Respondemos às fantasias que nós mesmos criamos, não à realidade.

– Caramba, mamãe! – exclamou Jarina, entre surpresa e alerta, certa de ter encontrado um importante elemento de reflexão.

Para a sua alegria, a Reviravolta AIA começara bem e estava em bom caminho. As perguntas aos clientes ajudavam a ir além da superfície. Por outro lado, as estatísticas geradas na companhia se concentravam nos fatos, portanto, na superfície.

– Acredite, filha: discórdias, conflitos, separações, brigas e guerras acontecem e se sucedem mais por conta da versão dos fatos, aquilo que não se pode ver, do que pelos fatos, ou seja, aquilo que *se pode* ver.

– Deve ser assim também com o cliente que vai embora sem que se saiba o porquê – completou Jarina, trazendo o tema para seu campo de interesse.

– A solução para discórdias, conflitos, separações, brigas e guerras está na parte não visível, que só se consegue acessar por meio do diálogo. Se as intenções fossem apresentadas claramente, as ações seriam mais bem compreendidas.

– Se entendi direito, mamãe, as ações são visíveis, mas as intenções, não.

– Isso mesmo, filha. Se a gente soubesse quais eram as intenções, daria para perceber, com bastante alívio, que muito do que gerou os fatos não tinha a intenção de originar discórdias, conflitos, separações, brigas e guerras.

– Sim, mas sabemos que os impasses só fazem se acirrar se as intenções não subirem à superfície, ou seja, se não ficarem visíveis... – Jarina comentou.

– A vida é feita de mais do que aquilo que se vê. Perdemos muito quando a vivemos apenas na superfície – continuou dona Áurea, parando de se balançar, entre bocejos. – Aprendi muito na relação com o seu pai, sempre arredio e com dificuldade para escutar e de expressar sentimentos – ela divagou, levantando-se com dificuldade. – "Doenças são palavras não ditas." Li essa frase no livro do psicanalista Jacques Lacan. Mais do que nunca, essa mensagem fala demais comigo, filha!

Jarina a acolheu com um abraço afetuoso. Amava e admirava a sua mãe, um exemplo de superação. Ela sabia como ninguém aquecer o seu coração, mesmo em noites frias de inverno como aquela.

20 O FIO DA COERÊNCIA

– Fico feliz quando a gente consegue combinar outro encontro na nossa hamburgueria predileta. E mais feliz ainda quando você chega com essa cara boa – comentou Muacy, satisfeito, ao cumprimentar a namorada com um beijo.

– Está acontecendo uma reviravolta no meu modelo de liderança. As coisas estão ficando tão claras para mim que não consigo compreender por que não era assim antes! – Jarina admitiu, sem rodeios.

Enquanto faziam o pedido, ela perguntou:

– Muacy, como tem sido a implantação do sistema integrado de gestão na Magalhães?

– Bem difícil. O sistema é excelente, mas as pessoas não ajudam. Há muita resistência à mudança.

– O sistema não vai dar conta de um fator, Muacy.

– Qual?

– A maioria dos processos de mudança é focada no sistema técnico, não no sistema humano. Em geral o desafio é implantar um novo método de trabalho. Independentemente do objetivo específico, essas iniciativas têm como propósito mexer com a empresa, não com as pessoas.

– E aí? Como lidar com as resistências?

– A liderança é fundamental, o fator-chave do sistema humano.

– Sempre sobra para os líderes. E os funcionários? Qual a parte deles nessa história?

– O líder é referência. Detalhes do comportamento dele, por mais insignificantes que sejam, não passam despercebidos por aqueles que os cercam.

– Tem um quê de verdade nisso que você está falando, Jarina. Alguns comportamentos do meu avô repercutem até hoje na empresa.

– Está vendo? Constate por si mesmo: um líder que joga duro com as pessoas deixa a sua marca impressa em todo o ambiente.

No sentido contrário, um líder que trata todos com respeito deixa outro tipo de impressão.

Quando os lanches ficaram prontos, Muacy e Jarina se acomodaram na mesa de costume.

– Um líder que age com incoerência emite mensagens muito distintas das que oferece o líder que atua com coerência. Todas essas formas de se relacionar se refletem nas atitudes de funcionários e clientes – continuou Jarina.

– Entendi! Isso o sistema não vai resolver.

– A tese tradicional é: mude o sistema técnico que o sistema humano acompanhará o movimento. É justamente o contrário: dê condições para que o sistema humano mude e o sistema técnico virá a reboque.

– Mas o sistema técnico também molda o sistema humano – argumentou Muacy.

– É verdade, mas é melhor ter pessoas puxando do que sendo empurradas. Existe uma sutileza na estratégia da primazia do sistema humano e que faz toda a diferença: as pessoas são as protagonistas, os sujeitos, os fins em si mesmas. Na tese tradicional, elas não passam de meros coadjuvantes, objetos, meios para fins que mal conseguem compreender.

– Faz sentido – concordou Muacy, ocupado em espalhar mostarda em seu sanduíche.

– Muacy, quero uma equipe em que as pessoas conversem entre si, olhem nos olhos umas das outras, ouçam com atenção, ofereçam ideias e respostas aos problemas e proporcionem uns aos outros a, digamos, experiência de uma escuta aberta e sem julgamentos.

– Isso é mesmo um sonho! Mas e os conflitos, vão acabar num passe de mágica?

– Continuarão existindo, mas relacionados aos desafios do trabalho, não a melindres pessoais. Vão fazer parte do processo criativo e ajudar no desempenho.

– Por onde começar? – indagou Muacy, entre uma e outra mordida no suculento hambúrguer.

– Pela relação de confiança.

A refeição prosseguiu, da mesma forma que a animada conversa, depois alterada para questões pessoais. Afinal, a vida não era feita só de trabalho, eles sabiam muito bem – embora Jarina desse muito mais atenção àquele momento profissional especial que vivenciava. Não por acaso, ao retornar para casa, ainda teve ânimo para refletir sobre o que ia descobrindo, em especial a respeito de uma questão fundamental.

Ela escutava, com muita frequência, de outros gestores da companhia que "é preciso confiar desconfiando". Também ouvia dizer, não raras vezes, que a confiança precisa ser conquistada, ou seja, "eu confio nas pessoas que provarem ser dignas da minha confiança".

"A questão é bem outra...", concluía agora, "nada a ver com as pessoas serem confiáveis ou não. A questão é que, quando são determinadas as condições em quem se pode e em quem não se pode confiar, perde-se muito tempo e energia pensando nisso, na esperança de ter sucesso na separação 'do joio do trigo'."

Jarina sabia que nem todos estavam comprometidos com o novo modelo de trabalho, mas, se partisse da premissa de que as pessoas não são confiáveis até que se prove o contrário, como é a tendência habitual, seria muito difícil construir um ambiente de trabalho saudável e criativo.

"Mais sábio, então", anotou mentalmente, "é ter a confiança como premissa. E acreditar que as pessoas querem fazer um bom trabalho e o farão, se você confiar nelas. Não se trata de ingenuidade, mas de um claro sinal de inteligência. Esse ponto de partida rende relacionamentos mais fecundos e produtivos, bem como um estado de ânimo positivo. E isso já é muito melhor do que o contrário, respaldado na desconfiança ostensiva ou, pior, velada."

Vale para as relações internas e externas.

Jarina ponderou, também, sobre a diferença entre confiança e competência. O problema dos mais reativos nem sempre é uma questão de confiança, mas de competência. A primeira se resolve nutrindo a relação; a segunda, com capacitação, acompanhamento, experiência. Jarina reconheceu, então, qual seria o papel a assumir como gestora: ser uma líder-educadora.

Nesse novo modelo de trabalho, além das reuniões semanais em equipe, deveria interagir com cada um, orientando, ajustando as percepções e nutrindo a relação. Como líder-educadora, deveria compreender os erros como parte do processo de aprendizagem. Afinal, costumam ser cometidos por colaboradores ousados que, por falta de preparo, orientação ou experiência, ainda não conseguem fazer de forma correta o que está sob sua responsabilidade. É injusto incluir quem os comete no rol de não confiáveis.

Em suma: confiar sempre! Atuar ao lado de seus colaboradores como se, com eles, fosse tecendo uma teia muito harmônica, fio a fio, carreira a carreira. Esse seria o seu lema e a sua conduta para criar um ambiente em que a confiança pudesse exercer a virtuosa função de adubo para gerar relacionamentos saudáveis, ideias criativas e um fluxo positivo de prosperidade.

Antes de se entregar a um sono reparador, Jarina anotou suas observações, para que não se perdessem no baú da memória. Afinal, a intensidade das descobertas se acentuava naquele excepcional momento, que, por ousadia e convicção, ela merecia vivenciar plenamente.

21 ENERGIA QUASE EM ALTA

Tarde de sexta-feira. Chegava o momento de trocar as novas descobertas, no horário combinado. Apressadamente, Rosilda tratou de se juntar ao grupo, mas Fernandes e Guilhermo estavam atrasados. Jarina já conversara com quase todos os colaboradores, oferecendo apoio e orientação.

– Vamos começar! – Pedro estava ansioso para compartilhar seus achados.

– Eu primeiro! – Glorinha reivindicou.

– Calma! – interveio Jarina. – Vamos esperar até que todos estejam presentes.

– Fernandes e Guilhermo devem estar disputando quem consegue conversar com o maior número de clientes – brincou Iolanda.

– A conversa estava tão animada com o meu último cliente da lista que eu não quis interromper – justificou-se Fernandes, ao chegar atrasado.

– Desculpem o atraso. – Guilhermo entrou em seguida. – Resolvi acompanhar o trabalho do Fernandes para ver como ele conduz as entrevistas. Abri mão da minha lista, disposto a aprender para me sentir mais seguro.

– Boa ideia – aprovou Jarina. – Caso não se sinta tão seguro, pode observar como age outro colega, na próxima semana. – Voltando-se aos demais. – E aí, quem se habilita?

– Posso? – apresentou-se Glorinha.

– Vai lá, fominha! – brincou Pedro.

– Ouçam:

"Eu sei das minhas necessidades, mas quem sabe da solução é você. Eu sei – ao menos acredito que sei – aonde pretendo chegar, mas é você quem conhece o caminho, as cancelas, os obstáculos, as rotas alternativas, o tempo de viagem. Há tempos que a sua empresa estuda o assunto, conhece os problemas, prepara a oferta, cria produtos e serviços para determinados fins, especula sobre o futuro, reúne os especialistas

e se atualiza. Não superestime os meus conhecimentos. Careço de informações e orientações. Sozinho não sei me virar, por isso recorro a você na esperança de que me ajude".

– Bárbaro! – alguém exclamou, e o entusiasmo foi compartilhado.
– O depoimento do seu Barbalho foi na mesma linha – afirmou Pedro:

"Se eu não solicitar informações, você me esquece. Ninguém toma a iniciativa de me contatar, enquanto eu fico na espera. Só quando eu solicito algo é que sou atendido. E olhe lá! Nem sempre. Isso me desnorteia".

– Xi! Que bronca! – alguém comentou, e não faltaram ecos.
– Quero falar faz tempo – lembrou Matilde. – Vejam o que descobri:

"Quando recebo informações, nem sempre são inteligíveis. Elas vêm fragmentadas e eu não consigo enxergar o todo. Sem o contexto, fica difícil compreender o texto. Então, fico à deriva, e esse sentimento de dependência e desorientação não me agrada".

– É, a Zênite tem muito trabalho pela frente – comentou Matilde.
Quem se propôs a compartilhar em seguida foi Cris.
– Escutem:

"De nada adianta despejar um monte de informações, aumentando ainda mais a minha confusão e deixando para mim a tortuosa tarefa de separar o joio do trigo. Espero que faça um bom filtro prévio, deixando para mim aquelas significativas".

– E mais essa – era a vez de Antônia:

"Quero, sim, fazer as minhas escolhas e não ser dependente, mas preciso de ajuda até para saber o que perguntar e quais dúvidas devo dirimir".

– Ouçam o que eu e Guilhermo escutamos. Conte para eles, Guilhermo – sugeriu Fernandes.

– Estou com receio de gaguejar, mas lá vai:

"Depois de fornecer as informações, não me apresse, pois preciso de tempo para depurar e refletir sobre as alternativas, avaliando quando é a melhor relação custo/benefício. Nessa hora, se precisar, conto com a sua ajuda e vou considerar as suas sugestões e recomendações".

– E mais essa – revelou Fernandes:

"Gosto quando vocês se antecipam, oferecendo informações úteis para resolver o meu problema. Quando isso acontece, sinto-me cuidado, e essa atenção e interesse são, para mim, de grande valia. E gosto também da maneira como vocês oferecem informações e orientações".

– Olhem só as deixas que os clientes estão dando de bandeja para a nossa companhia! – apresentou Bia, muito animada:

"Agrada-me saber que vocês conhecem bem o que estão vendendo, a firmeza dos seus argumentos, o orgulho que sentem pelo que fazem, e isso tudo aumenta a minha confiança. Mas o que mais aprecio é quando compartilham os seus conhecimentos de uma forma entusiasmada e didática, tornando simples o que é complexo. Esse jeito me ajuda a aprender, algo de que gosto muito. Sinto-me mais poderoso com novos conhecimentos. Quanto mais aprendo, mais me conecto com vocês, a empresa, os produtos, a marca".

– Uau! – exclamações de alegre surpresa pipocaram na sala.

– Mais alguém? – perguntou Jarina, satisfeita com o material recolhido.

– Eu! – disse Rosilda, sentada em sua baia:

"Sei que você é o especialista da oferta, mas eu sou o especialista da demanda. O melhor negócio é aquele em que a oferta corresponde à

demanda. Por isso, os melhores resultados acontecem quando a gente fica lado a lado, traçando juntos a melhor trilha para conquistarmos objetivos comuns".

– Penso que Kiran vai ter um farto material de trabalho para conversar com os demais diretores – comentou Jarina.

– Se a companhia fizer bom uso dessas descobertas, aposto que reverteremos o Índice de Conversão – vaticinou Tania, animada com os resultados.

– Reviravolta AIA! – alguém exclamou.

– AIA, AIA, AIA! – os demais ecoaram, entusiasmados.

Jarina sentiu a energia positiva da equipe, pra lá de esperançosa com o andamento do processo. Notou, no entanto, que a exaltação não contagiara todos os seus colaboradores. Nem todos estavam engajados.

22 UM DOM NATURAL

Em sua sala, Jarina puxou uma cadeira para Robson, que acabara de chamar para uma conversa reservada.

– Você não me parece feliz com as mudanças.

Robson desviou o olhar, evitando o de sua chefe, que se sentara ao lado dele, na mesa de reuniões, para dar ao jovem arredio um claro sinal de acolhimento.

– Estamos na segunda súplica e você ainda não se pronunciou.

– Gostava mais como era antes. Cada um na sua baia, entrando em contato com o cliente. O trabalho era mais previsível. Eu sabia como o dia começava e terminava. Agora, isso de sair a campo... me deixa muito inquieto. A gente não tem a menor ideia do que vai acontecer...

– A tarefa anterior podia ser previsível, Robson. Mas o nosso trabalho é o relacionamento com o cliente, e relacionamentos não são nada previsíveis nem regulares, muito menos estáveis.

– Eu me sinto fora do controle, e isso me incomoda demais! – comentou ele, agora encarando Jarina. – E tem mais: fico muito intimidado nesse contato direto com o cliente.

– A tarefa é exatamente essa: entrar em contato com o cliente, mas o trabalho é fazer o que é melhor para ele. Pense nas súplicas já descobertas e no quanto nós podemos fazê-lo feliz.

– Acho que sou um pouco tímido... daí a dificuldade... – confessou, finalmente, Robson, sentindo-se seguro para mostrar-se vulnerável, em razão do acolhimento da líder.

– Robson, pense no cliente. Ele é alguém como eu e você. Precisamos reconhecer a vida dele como um todo, não apenas como a pessoa que compra e usa os produtos da Zênite. Ele tem dores, angústias, medos, esperanças, sonhos. Precisamos saber, com verdadeiro interesse, o que amam e o que odeiam, do que necessitam e o que desejam. Temos de compreender o que tem significado para eles. Isso vai exigir empatia da nossa parte.

– Não sei se sou empático... – ele admitiu com todas as letras e sem rodeios.

Jarina sorriu diante de tamanha sinceridade.

– O que acontece com você quando assiste a um filme? Que tal lembrar quais são as suas reações? Provavelmente, como eu, você sente alegria, tristeza, medo, raiva. Somos capazes de captar os sentimentos presentes nos personagens de uma história. Todos nós temos um cérebro empático, capaz de espelhar o estado de outras pessoas. Somos naturalmente empáticos, embora a gente precise exercitar esse equipamento que veio conosco de fábrica.

Robson estava bem mais descontraído.

– Sabe qual é o segredo da empatia? – Jarina fez uma pausa, para gerar certo suspense, mas logo ofereceu a resposta, olhos nos olhos. – Se ligue no cliente!

Robson escutava com toda a atenção.

– Se você se ligar no cliente, vai se desligar da sua timidez, da sua necessidade de controle, da sua estabilidade. Transforme a tarefa em trabalho.

– E qual a diferença?

– A tarefa é fazer algo, e o trabalho é ter algo para fazer.

Ambos se divertiram com o jogo de palavras.

– A diferença é que esse algo tem significado. E, com significado, a tarefa se transforma em trabalho. São os mesmos afazeres, mas tudo muda. Com significado, você se importa.

– Noto esse comportamento nos meus colegas. Eles se interessam de verdade! Por isso são tão curiosos.

– E a curiosidade é esse desejo de ver, saber, informar-se, desvendar, aprender e conhecer. Com um time de curiosos, o RC vai ser a vanguarda da Zênite.

– Empatia e curiosidade – repetiu, tentando frisar para si mesmo os seus desafios.

– Sim, com empatia e curiosidade você vai começar a se divertir na zona de desconforto, que é onde a gente cresce e se desenvolve.

Robson, você vai ser capaz de descobrir em si mesmo talentos que nem suspeitava possuir.

– Compreendo, mas às vezes parece haver uma barreira diante de mim que me retém.

– Então vamos transpor essa barreira. Na próxima semana, vamos juntos a campo. O que acha? Quer trabalhar ao meu lado?

Robson aceitou de bom grado a oferta, sentindo-se apoiado e motivado. Sua expressão facial demonstrava a disposição de enfrentar as mudanças de outro jeito.

23 A ALMEJADA CUMPLICIDADE

As descobertas apresentavam grandes oportunidades para os negócios da Zênite e também para reverter o Índice de Conversão. Jarina estava convencida de que as estratégias da empresa deveriam ser norteadas pelas sinalizações dos clientes. Esse era, de fato, o caminho para a companhia seguir outro rumo, mais promissor. Mas até onde esse anseio poderia se realizar sem a adesão da diretoria? O processo em curso oferecia interessantes, senão poderosos, sinais. Ela refletia a respeito com a costumeira coragem.

Kiran havia lhe dado um voto de confiança, mas ainda era só uma aposta. Assim como o provérbio árabe no quadro da antessala, *Se o cavalo vencer uma vez, sorte*. Ele ainda aguardaria uma segunda ou terceira vez antes de apostar para valer no cavalo. Embora reconhecesse a competência de Jarina, até pelos primeiros indícios, a posição dele sempre seria a de priorizar os ganhos para a companhia, a partir dos paradigmas cristalizados. Pragmático, ajustava o foco no que achava que, seguramente, podia funcionar. Seguia os ditames da matriz, sem titubear. Mais! Acreditava neles.

Diante disso, Jarina receava que todo o esforço inicial poderia ir por água abaixo de uma hora para outra. E, então, adeus ao seu modelo de trabalho, emprego, benesses. Fim da história. E, pior, sairia com uma mão na frente e outra atrás, conforme ela mesma havia sugerido.

De novo, sentiu-se tomada por angústias bem conhecidas. Sem rendimentos nem perspectivas a curto prazo, como poderia cuidar de sua mãe sem a assistência médica estendida? Havia conquistado um bom salário e precisava dele para enfrentar as despesas obrigatórias, medicamentos incluídos.

Embora amedrontada pelo futuro incerto, o anseio de contribuir para a recuperação da Zênite não esmorecia. Seu propósito lhe dava energia para seguir em frente. Vislumbrou outra cancela a ultrapassar: fazer a diretoria enxergar o declínio inevitável, se não houvesse mudanças. Junto às conquistas de tantos anos, foi invadida por um ar de superação e a certeza de estar no caminho certo. As reduções de custos visavam apenas a uma readequação. Mais do mesmo: do negócio e do jeito de atuar. Logo viria outra redução, e mais outra, era uma tendência infalível. Quando, finalmente, a diretoria se desse conta, poderia ser tarde demais para reverter o quadro. De nada adiantava fazer alterações dentro do mesmo contexto. Era preciso mudar o sistema.

Tudo isso aumentava ainda mais a apreensão de Jarina para enfrentar a reunião da segunda-feira seguinte. As perguntas se sucediam em sua mente. Como estará o humor de Kiran? Quais são as pressões vindas dos Estados Unidos? Kiran continuará me dando apoio? Começará a usar as informações e descobertas? Qual será a reação dos demais diretores? Eles estariam comprometidos com algo ou alguém além da matriz? Como ela mesma conseguiria lidar com as divergências e oposições, até mesmo dentro de sua equipe?

Sem a cumplicidade de Kiran, não conseguiria ir muito longe. E ele ainda não estava por inteiro a seu lado – sabia muito bem. Tinha de contar com a cumplicidade dele, algo que implicava compromisso.

O que faz o coração pulsar e a alma se elevar é se decidir por algo ou alguém, com *o que* e com *quem* se compromete. Sem meias medidas. Por inteiro. No caso da Zênite, esse alguém eram os *clientes*, e esse algo, as *relações*.

Jarina vinha conquistando o compromisso de sua equipe. Mas, e a diretoria? O conjunto de executivos ainda cobrava que as operações fossem precisas, mas não incentivava a excelência nas relações. O toma lá dá cá da transação comercial convencional continuava sendo uma relação fria e evasiva, protocolar.

Quando se assume um compromisso, a qualidade das relações se modifica e requer interação pessoal: um aperto de mão sincero, olhos nos olhos, um sorriso cúmplice. A transação, antes meramente comercial, reveste-se de afetividade. Eleva-se ao nível da relação humana, cada vez mais rara no mundo dos negócios, e a Zênite não fugia à regra.

Cumplicidade! Havia algo de emblemático nessa conquista. Mais do que permitir uma experiência ou mesmo aderir, Kiran precisava se comprometer. Jarina sabia que a próxima reunião com ele teria mais esse desafio na pauta, o que a entusiasmava ainda mais. Assim, os medos que a assaltavam foram atenuados. Não porque fossem infundados, mas porque absorviam sua atenção, minando uma energia preciosa. Era uma bagagem a mais para carregar.

24 A SEGUNDA SÚPLICA

Lá estava Jarina na antessala de Kiran, esperando o final da reunião da diretoria para conversar com ele. Não menos apreensiva do que da primeira vez, mas trazia novas descobertas para mostrar ao seu líder que o RC prosseguia com o trabalho jamais feito antes de entrevistar os clientes de verdade. Tinha muito o que mostrar, certa de que sua área de responsabilidade estava se transformando em um manancial de água pura, tamanha a qualidade dos depoimentos.

Daquela vez, não teve de aguardar tanto. Logo a porta se abriu. À saída, alguns diretores a cumprimentaram com um discreto bom-dia, um pouco mais cordial do que na primeira vez.

Ao recebê-la, Kiran anunciou que dispunha de tempo reduzido, porque em seguida teria uma videoconferência com a diretoria dos Estados Unidos.

– Vamos direto ao ponto – anunciou, sucintamente, enquanto se servia de café.

A pressa não a ajudava, se bem que não era algo novo. Jarina precisava de tempo, tanto para apresentar as novas informações como para os argumentos necessários à conquista da cumplicidade dele. Estava convencida de que o trabalho que liderava não era secundário nem acessório, mas sim o vetor de mudança na companhia. Merecia, portanto, mais atenção e menos pressa do CEO.

– Como foi que os diretores reagiram às informações sobre os clientes? – ela solicitou, sucinta.

– Seguimos o ritual de primeiro discutir os números. Depois mostrei as informações que você havia trazido. Talvez tenha sido o melhor momento da reunião. Afinal, uma novidade! Mas, quando a conversa começou a ficar boa, o tempo se esgotou.

Jarina reconheceu, intimamente, a frustração bem visível na expressão do rosto. O seu trabalho ainda era uma peça coadjuvante, quase uma excentricidade.

– Sei que você esperava mais – ele admitiu –, mas a pressão para reverter os números está cada vez mais forte.

– Fico admirada que a diretoria e a matriz não saibam que os números representam só o placar, não o jogo – ela comentou, claramente desapontada.

– Cogitaram terceirizar a área de Relacionamento com o Cliente – ele revelou, de bate-pronto.

Jarina engoliu em seco. Custou a acreditar no que ouvia. Não fazia o menor sentido terceirizar uma área estratégica. O entendimento da diretoria sobre a importância do RC era diametralmente distante da líder do setor, que manifestou sem rodeios sua irritação:

– O que é mais importante do que o cliente na companhia? Quem compõe a linha da receita? Qual é a fonte de lucros? Se há outro, além do cliente, me diga! A diretoria? A turma da matriz?

– Calma, calma! – tentou contemporizar Kiran. – Foi uma proposta, não uma decisão.

– Se foi cogitado, está nas intenções, e o problema é exatamente esse: onde estão as intenções. A companhia precisa descobrir o seu norte, e enquanto permanecer olhando para o sul não vai sair do lugar. Pior ainda: caso se movimente, vai ser para o naufrágio!

Kiran ofereceu a ela um copo d'água, na esperança de acalmá-la. Jarina aceitou, serviu-se, mas continuou a vociferar:

– A diretoria não se dispõe a mudar o foco. Insiste em olhar para o mesmo surrado e batido lugar. Está presa à mesmice da mesmice: os mesmos números, os mesmos indicadores, as mesmas métricas. Aposto que vocês não mudam de assunto!

Kiran sempre havia admirado a ousadia da jovem, que agora se mostrava mais atrevida que nunca. Sequer se surpreendeu nem cogitou encerrar a reunião. Ao contrário, permaneceu atento às palavras dela, que saíam aos borbotões:

– Parece que vivemos em mundos diferentes. Paralelos. Sei que é difícil assumir o ângulo de visão que proponho, mas insisto: faça um esforço. O principal ganho será livrar-se da crise que a própria companhia produz.

Jarina foi retomando o fôlego. Não se calou nem quando viu Kiran consultar ostensivamente o relógio.

– Para quem a Zênite existe? Imagino que não seja para os Estados Unidos – questionou.

Kiran seguiu escutando, atento, sem interrompê-la.

– O RC pretende ser o porta-voz do cliente na companhia. Estamos ouvindo coisas que nunca escutamos antes e que jamais imaginávamos.

Jarina diminuiu o tom de voz, aos poucos. Embora tivesse se exaltado, expressou o que pensava e sentia, recuperando a capacidade de se concentrar no que pretendia.

– Quem é o cliente da Zênite? Quais são as suas percepções, sentimentos e ressentimentos?

Kiran sabia que as perguntas eram retóricas. Nem tentou responder. Seguiu concentrado em Jarina:

– Se conhecermos o cliente e suas súplicas, a criatividade vai correr solta, tanto para resolver os problemas deles como para gerar ideias e ofertas inovadoras.

Kiran voltou à máquina de café, enquanto acompanhava o raciocínio dela.

– A companhia pode continuar acreditando que o cliente necessita de seus produtos e serviços, mas é o contrário: os seus produtos e serviços existem para preencher as demandas dele e quase sempre são insuficientes. Existem grandes espaços em branco, e eles são instigantes oportunidades de negócios. As súplicas que estamos coletando vão ajudar a preenchê-los.

Sem se importar com o relógio, Kiran degustou seu novo café tranquilamente, cada vez mais interessado no discurso de Jarina.

– Esqueça por ora os produtos e serviços da companhia e preste atenção no ser humano que é o cliente. Não se limite a vê-lo como um mero comprador, um freguês que troca mercadoria ou um serviço por dinheiro, ou ainda como um paciente quase anônimo, não fossem os dados de que você necessita para emitir o pedido ou a nota fiscal.

Mesmo quando ela fazia pausas para tomar um gole d'água, Kiran não fazia menção de aproveitar o lapso para encerrar a reunião. Confiante, Jarina prosseguia:

– Preços, prazos e benefícios dos produtos ou serviços são elementos da transação comercial. Por mais detalhados que sejam, não bastam. É preciso apurar os ouvidos para chegar aos interesses deles e aos problemas que gostariam de ver resolvidos.

Kiran notava que Jarina havia se preparado muito bem para a conversa.

– Os aspectos emocionais estão implícitos. Os sentimentos, as percepções, os valores não são visíveis.

– Faz sentido – Kiran finalmente resolveu se pronunciar.

– As súplicas desvendam o que está implícito. Revelam sentimentos. E, no frigir dos ovos, a decisão de fidelizar ou não e voltar a comprar está mais nessa parte oculta do que na visível.

– Então o Índice de Conversão depende do que está implícito – ele concluiu.

– Sim. Nessa parte encontramos as motivações mais profundas, muitas vezes ocultas, e que fazem o cliente decidir continuar conosco.

Jarina percebeu que ele se interessou a ponto de se desligar do horário da videoconferência com os Estados Unidos. Sentindo-se acolhida, ela seguiu em frente:

– Fidelizar clientes deveria ser o principal propósito no mundo dos negócios. O Índice de Conversão mede a recompra, a fidelização, mas não dá nenhuma pista sobre sentimentos e valores mais profundos.

Ao concluir a argumentação, Jarina entregou os relatos da semana anterior. E Kiran logo tratou de ler.

"Eu sei das minhas necessidades, mas quem sabe da solução é você. Eu sei – ao menos acredito que sei – aonde pretendo chegar, mas é você quem conhece o caminho, as cancelas, os obstáculos, as rotas alternativas, o tempo de viagem. Há tempos que a sua empresa estuda o as-

sunto, conhece os problemas, prepara a oferta, cria produtos e serviços para determinados fins, especula sobre o futuro, reúne os especialistas e se atualiza. Não superestime os meus conhecimentos. Careço de informações e orientações. Sozinho não sei me virar, por isso recorro a vocês na esperança de que me ajudem."

"Se eu não solicitar informações, você me esquece. Ninguém toma a iniciativa de me contatar, enquanto eu fico na espera. Só quando eu solicito algo é que sou atendido. E olhe lá! Nem sempre! Isso me desnorteia."

"Quando recebo informações, nem sempre são inteligíveis. Elas vêm fragmentadas e eu não consigo enxergar o todo. Sem o contexto, fica difícil compreender o texto. Então, fico à deriva, e esse sentimento de dependência e desorientação não me agrada."

"De nada adianta despejar um monte de informações, aumentando ainda mais a minha confusão e deixando para mim a tortuosa tarefa de separar o joio do trigo. Espero que faça um bom filtro prévio, deixando para mim aquelas significativas."

"Quero, sim, fazer as minhas escolhas e não ser dependente, mas preciso de ajuda até para saber o que perguntar e quais dúvidas devo dirimir."

"Depois de fornecer as informações, não me apresse, pois preciso de tempo para depurar e refletir sobre as alternativas, avaliando quando é a melhor relação custo/benefício. Nessa hora, se precisar, conto com a sua ajuda e vou considerar as suas sugestões e recomendações."

"Gosto quando vocês se antecipam, oferecendo informações úteis para resolver o meu problema. Quando isso acontece, sinto-me cuidado, e essa atenção e interesse são, para mim, de grande valia. E gosto também da maneira como vocês oferecem informações e orientações."

"Agrada-me saber que vocês conhecem bem o que estão vendendo, a firmeza dos seus argumentos, o orgulho que sentem pelo que fazem, e isso tudo aumenta a minha confiança. Mas o que mais aprecio é quando compartilham os seus conhecimentos de uma forma entusiasmada e didática, tornando simples o que é complexo. Esse jeito me ajuda a aprender, algo de que gosto muito. Sinto-me mais poderoso com novos conhecimentos. Quanto mais aprendo, mais me conecto com vocês, a empresa, os produtos, a marca."

"Sei que você é o especialista da oferta, mas eu sou o especialista da demanda. O melhor negócio é aquele em que a oferta corresponde à demanda. Por isso, os melhores resultados acontecem quando a gente fica lado a lado, traçando juntos a melhor trilha para conquistarmos objetivos comuns."

Quando ele terminou a leitura, Jarina perguntou:
– Qual é a súplica?
– Ele se sente dependente, desinformado, confuso e em dúvida.
– Então, qual é a súplica?
– Ele deseja direção, apoio, visibilidade, conhecimento, poder.
– É isso mesmo. ORIENTE-ME! essa é a súplica. – Jarina sentiu necessidade de reforçar o que significava aquele querer: – Veja bem, eu compreendo como a companhia funciona. Foi o que fiz nos dois anos em que geri o RC e moldei o jeito da equipe trabalhar. Mas não adiantou para reverter o Índice de Conversão, meta para a qual é necessária uma reviravolta que depende de nossas descobertas. Por trás delas existe uma abundância de oportunidades. Um infinito espaço de riquezas à nossa disposição.
– Agora preciso ir – disse Kiran, subitamente, bem a seu estilo. Sem acrescentar mais nada, despediu-se levando consigo os relatos.
Jarina sabia que ao menos havia mantido a atenção dele. Ainda na antessala, ela releu a segunda parte do provérbio árabe: *Se o cavalo vencer pela segunda vez, coincidência.* Teria *conseguido* a cumplicidade de Kiran ou aquele interesse demonstrado foi mera coincidência?

25 AOS PARES, TERCEIRA SEMANA

Dilim. Quando a porta do elevador se abriu, no meio da manhã, Jarina saiu, confiante. Pela expressão do rosto, seus colaboradores – ansiosos e curiosos – já podiam imaginar que o encontro com Kiran tinha sido bom. Mas queriam mesmo era que ela viesse com novidades. Nenhum deles duvidava que o RC havia conquistado tempo e espaço no Olimpo, o que os orgulhava. Mas aquela súbita exposição também os deixava inquietos. Na cabeça de cada um, algumas perguntas boiavam, insistentes. O que os homens lá de cima estavam achando do trabalho? Como avaliavam o novo modelo introduzido pela ousada gestora?

Jarina sabia que a motivação da equipe estava em alta e não podia perder esse trunfo. O Índice de Conversão continuava em declínio, mas ela sabia que conseguiria a reversão da tendência à medida que as indicações dos clientes fossem absorvidas pela direção da empresa, gerando grandes mudanças. Aproveitaria cada minuto das próximas semanas para assegurar a reviravolta.

– Bom dia a todos. Espero que estejam animados para a nossa terceira incursão da Reviravolta AIA.

– Antes, conte para a gente como foi a sua conversa lá no Olimpo – quis saber Rosilda.

– A tensão continua elevada, devido à persistência do Índice de Conversão abaixo do previsto. Os clientes que desistiram de comprar ainda não retornaram em percentual significativo, e as receitas da Zênite seguem inferiores às metas. Isso tudo rouba a atenção da diretoria; os executivos ainda não conseguem enxergar o valor e a potência das nossas descobertas.

– O mercado está mesmo em queda. A crise é geral, então a Zênite não é a única a enfrentar dificuldades – lembrou Fernandes.

– Mas a Zênite sempre superou os reveses. Tenho certeza de que reverterá esse também – argumentou Matilde.

– Será que eles não vão interromper o nosso trabalho de uma hora para a outra? – murmurou Antônia, revelando seu medo.

– Acho melhor voltar ao modelo anterior, porque estamos muito expostos – Guilhermo ousou sugerir.

Jarina preferiu não mencionar a intenção da diretoria de terceirizar a área de RC. Seria um balde de água fria sobre todos, assim como foi para ela. Além disso, daria um bom pretexto para aqueles que ainda não tinham aderido à sua proposta continuarem resistindo, mesmo que de forma velada, embora alguns já houvessem se manifestado abertamente. Assim, resolveu economizar palavras, repassando pontos fundamentais com firmeza:

– Estamos no caminho certo para salvar a Zênite. O Índice de Conversão é apenas um indicador. O que acontece com a empresa não é conjuntural. É estrutural. Independe de como está o mercado. A companhia precisa se reinventar. E isso só pode acontecer a partir do cliente.

– Então vamos em frente. Não vejo a hora de começar a terceira rodada. – Pedro se levantou, preparado para recolocar as mãos na massa.

– Mas dessa vez tem uma diferença... – Jarina avisou, enquanto se preparava para entregar o novo conjunto de perguntas.

– Vocês vão trabalhar aos pares. Guilhermo com Matilde, Cris com Antônia, Glorinha com Rosilda, Iolanda com Bia. Um trio: Pedro, Fernandes e Tânia. Robson virá comigo.

Sorrisos e murmúrios. Alguns gostaram, outros torceram o nariz. Mas todos aprovaram a ideia de a líder entrar em ação.

– A ideia é agir e observar. Assim podemos apurar a escuta, enquanto aprendemos uns com os outros. No final de cada abordagem, quem observou faz o relato ao colega.

– Esse método vai diminuir bastante o número de contatos – calculou Guilhermo.

– Sim, mas vai ampliar o aprendizado. Com certeza vamos afinar a sintonia para enfrentar os próximos desafios.

Os pares começaram a planejar a semana, já dispostos a entrelaçar percepções, sentimentos e entendimentos. Sem perda de tempo nem de oportunidade. O aprendizado já estava acontecendo, ao mesmo tempo que uma nova química se formava no instigante setor de RC.

Jarina tinha razões para acreditar que, a partir da terceira súplica, Kiran apostaria no cavalo.

26 UMA DOSE DE HUMILDADE

– Estava mesmo querendo uma carona até minha casa.

– Gentileza e curiosidade – admitiu Muacy, entre sorrisos. – Sei que as suas segundas-feiras são emocionantes. Conversa com o chefão de manhã e com a equipe em seguida.

– Como fiel da balança – lembrou Jarina –, estou tentando manter o equilíbrio, mas confesso que quase o perdi na reunião com o Kiran.

Jarina resumiu o diálogo que tiveram e as oscilações nos humores da diretoria, enquanto colocava em prática a sua proposta, com a equipe.

– Estou replicando o mesmo processo na Magalhães – Muacy informou.

– E aí? Me conte!

– Para minha surpresa, aconteceu um fato novo em nossas reuniões: os nomes de algumas pessoas começaram a fazer parte das conversas e decisões. Antes, só se falava nos nomes das empresas clientes.

– Isso já é alguma coisa – disse Jarina, sorrindo.

– Noto, também, uma mudança nos verbos. Antes, produzir, elaborar, moldar, concretizar.

– Ênfase na manufatura – ela definiu.

– A Magalhães buscava incansavelmente fazer mais com menos.

– Produtividade.

– E também fazer mais e melhor.

– Qualidade.

– E tudo para competir com o menor preço.

– A velha economia de escala.

Ambos estavam bem satisfeitos, a ponto de criar um diálogo rápido e divertido, como se ensaiassem um jogral.

– Olhe só os novos verbos que entraram em cena, Jarina: relacionar-se, escutar, compreender, influenciar, comunicar, satisfazer, fidelizar.

– O técnico dá lugar ao humano! Está mudando o jeito de ver o mercado – resumiu Jarina, realçando o detalhe.

– Sim. Antes era apenas um lugar onde as transações comerciais aconteciam. Agora, conseguimos abrir um espaço de relacionamento.

– Isso muda muita coisa. Vocês começam a migrar da especialização na oferta para a especialização na demanda. Uma mudança de 180 graus no ângulo de visão – Jarina constatou.

Muacy reduziu a marcha, porque havia começado a chover. A pista molhada pedia mais cuidado e atenção.

– Mas noto que existe resistência, inclusive dos representantes – Muacy admitiu.

– Eles vão aderir quando se sentirem apoiados pelas descobertas nas abordagens junto aos clientes.

– Ainda não chegamos neste ponto, mas já estou feliz por abrandar ao menos um pouco a cultura manufatureira tão arraigada e dar um colorido diferente ao diálogo entre os líderes. Aos poucos, vai ser gente falando de gente.

– A Magalhães não vai deixar de produzir, elaborar, moldar, concretizar, a menos que terceirize essas funções. Mas não precisa ficar somente na manufatura. É possível evoluir para a *artefatura* – instintivamente, Jarina começou a brincar com as palavras e gostou do que ouviu de si mesma.

Muacy estacionou o carro em frente à casa de Jarina. Pela primeira vez em muito tempo ela não fez menção de sair correndo, apressada. Continuaram conversando, bem abrigados do clima exterior. A chuva havia se tornado uma densa e fria garoa de inverno escorrendo sobre o para-brisa.

– A nova oferta é, hoje, uma elaboração sofisticada, tanto para a Zênite como para a Magalhães.

Para Muacy, existia uma distância quilométrica entre as duas empresas quanto à fase de evolução.

– Inclui informação, ideia, design, excelência, confiabilidade. São muitos os elementos. Não se fideliza o cliente apenas por meio de produtos e serviços. É preciso, também, apostar em comunicação franca e aberta, escuta empática, diálogos de qualidade. Em suma: relacionamento.

– Sistema técnico e humano ao mesmo tempo – acrescentou Muacy, revelando ter assimilado muito bem os novos conceitos, a ponto de levá-los à prática.

– E uma boa dose de humildade – completou Jarina, lembrando os deuses do Olimpo.

Enquanto Jarina desafivelava o cinto de segurança, Muacy arriscou um convite.

– Que tal levarmos dona Áurea para um passeio em um hotel-fazenda no próximo final de semana?

Jarina estava muito concentrada nos estudos e na preparação para as reuniões, enquanto testava o novo modelo de trabalho, mas achou interessante a oportunidade de uma pausa. Também seria bom para a sua mãe respirar novos ares.

– Combinado!

27 A TERCEIRA SÚPLICA

Sexta-feira à tarde. Uma semana de muitos aprendizados. Todos ampliaram suas aptidões nas trocas incluídas naquele processo de treinamento intrínseco à atividade. Estavam mais seguros com o novo modelo de trabalho e mais entrosados como equipe. A Reviravolta AIA estava provocando uma reviravolta também na equipe.

Organizados em pares e um trio, os colaboradores pareciam ansiosos para compartilhar as descobertas e aprendizados.

O trio deu a partida.

– Escutem só o que tivemos de ouvir – disse Fernandes.

"Tudo o que vocês queriam era fechar a venda e agora somem da vista? Saiba que isso não me agrada. Constatar que vocês estavam mais preocupados com a venda do que com a relação me causa mal-estar. Sinto-me um meio utilizado para atender algum fim do interesse de vocês."

– Xi! Este está bem incomodado! – comentou alguém.

– Mas não para por aí – acrescentou Pedro. – Preparem-se que tem mais:

"Vocês ficaram com o meu dinheiro, mas não com a minha fidelidade, é bom que saibam. Fidelidade depende de atenção, comunicação e compromisso. Compromisso, para mim, é manter contato entre uma compra e outra".

A equipe estava aprendendo a aprender. Suspensos os julgamentos, as justificativas, todos compreendiam que a voz do cliente tem valia. Deve ser aceita e compreendida. E, se possível, que as súplicas sejam atendidas.

As próximas a contar sua experiência foram Cris e Antônia.

– A nossa cliente é muito relevante para a companhia – informou Cris. – Ouçam o que disse:

"A insatisfação se agrava quando o produto ou serviço que vocês oferecem não correspondem às minhas necessidades. Acreditei, comprei, mas continuo com o meu problema. A promessa de vocês não foi cumprida a contento".

– Preparem o coração para a próxima súplica! – alertou Antônia.

"E quem disse que consigo falar com vocês sobre a minha frustração? Nossa relação é mais uma via de mão única. Vocês sabem quando e como me acessar quando existe algum interesse da sua parte. Mas a recíproca não é verdadeira. Tenho dificuldade para fazer contato com vocês. Parece que se protegem em uma redoma, à qual sou obrigada a me submeter. Busco uma relação de duas vias."

– Uau! Tratem de emendar essa súplica com a que eu e Rosilda recolhemos – sugeriu Glorinha.

"Para começar, quando ligo para a sua empresa, passo por um ritual de digitar vários algarismos até chegar ao setor ou ao assunto que me interessa. Não quero saber de respostas prontas para perguntas que não são as minhas. E também não tenho nenhuma garantia de que vou ser atendido por alguém ciente do meu problema. Tenho de repetir toda a história, a cada vez."

– A próxima súplica é bem parecida! – completou Rosilda.

"Os horários de vocês não correspondem aos meus. Sei que existem normas, porém certamente não foram pensadas para a minha comodidade. Tenho de me submeter a tudo que determinam. Por favor: abram espaço para as minhas reclamações, indagações, indignações, comentários e críticas e não me deixem a ver navios. Respondam rapidamente, para que o grau de frustração e insatisfação não afete a qualidade da nossa relação."

– O que eu e Iolanda escutamos não é muito diferente! – disse Bia.

"Esse sentimento de que as suas conveniências prevalecem sobre as minhas é que me mantém afastado. Gostaria de me engajar mais a você, à sua empresa, contribuir com o seu negócio, mas me parece que vocês não têm essa filosofia de aproximação e disponibilidade.

Se for assim, saibam que a minha fidelidade é provisória, ela precisa ser conquistada continuamente. E, se isso não os incomoda, vou procurar alguém para quem eu seja especial."

– Nós também captamos, além de críticas, anseios do cliente. Achamos até que o próximo talvez seja um porta-voz de muitos. Escutem com atenção – sugeriu Iolanda.

"Gosto quando existe proximidade e até parece que faço parte da equipe em muitas ocasiões; e dou alguns exemplos. Quando a minha opinião interessa e é levada em conta, quando melhorias são feitas considerando as minhas observações, quando noto que vocês verdadeiramente se importam e têm disposição para ouvir, acolher, acatar o tempo todo. E tem mais: espero que vocês estejam disponíveis 24 horas por dia, nos sete dias da semana. Espero que vocês se encaixem na minha agenda e não eu à sua. Tenho mais em que pensar. Sei que a tecnologia pode ajudá-los nisso, mas não deixem que ela se sobreponha ao respeito e ao relacionamento gentil."

– Muito bom! E tem mais. Ouçam! – comentou Matilde, em seguida.

"Sei que você não vai e talvez nem possa levar em conta todas as minhas informações e solicitações, mas o que eu gosto mesmo é de ser considerado. Consideração, para mim, além da disponibilidade de escuta, é dar algum retorno às minhas queixas e reclamações, mesmo que não ofereça alguma solução imediata."

– Um dos clientes que ouvimos fez boas perguntas – acrescentou Robson, orgulhoso de sua superação.

"Disponibilidade tem custo? E quem disse que eu não estou disposto a pagar por ela?"

– Afinal, qual é a súplica? – quis saber Jarina, quando os relatos acabaram.

– Existe um sentimento de frustração, diante do que consideram descompromisso, ausência de envolvimento por parte da companhia – interpretou Guilhermo.

– O cliente quer se sentir especial – arrematou Tânia.

– Quais são as necessidades deles? – desafiou Jarina.

– De presença, conveniência, consideração – reforçou Robson.

– Vamos, então, denominar essa súplica ESTEJA DISPONÍVEL!

Todos assentiram. Jarina pensou, triunfante, lembrando do provérbio árabe: "Essa vai ser a aposta no cavalo".

28 AS LIÇÕES DA NATUREZA

Na chegada, uma porteira. A estrada de terra íngreme conduzia até a recepção. No trajeto, a vegetação umedecida pelo orvalho da manhã. Dona Áurea vinha no banco de trás, apreciando a beleza do lugar, o canto dos pássaros e o cheiro de mato que lembrava a infância vivida no interior. Assim que viu a placa do apiário, ela reviveu as visitas que fazia a Ernesto, seu irmão, sitiante e criador de abelhas.

– Precisamos ir até o apiário – ela sugeriu na mesma hora.

– Com certeza! Vamos, sim, depois que deixarmos a bagagem em nossos aposentos – garantiu Muacy.

Na recepção, café quentinho e pão de queijo. Os chalés feitos de madeira, com telhados de forte caimento e beirais avançados, construídos entre as araucárias, estavam em harmonia com a natureza exuberante do lugar.

Depois de se instalar em um dos chalés, o trio se dirigiu à área das colmeias. Na entrada, eles se acomodaram no banco disposto de maneira que os visitantes pudessem apreciar a decolagem e a aterrissagem das abelhas. Às vezes algumas se aproximavam dos visitantes, mas logo davam meia-volta, retornando a seu habitat.

– Como milhares de abelhas conseguem se organizar tão bem? – comentou Muacy, admirado com o que via.

Mentalmente, Jarina reformulou a pergunta: "Como grandes grupos de pessoas conseguem trabalhar de forma harmoniosa e produtiva?".

– Abelhas são milagres da natureza. Elas entendem de comunicação e relacionamento. Aprendi com o meu irmão Ernesto – disse dona Áurea.

– Fale mais sobre elas – pediu Muacy.

– Ernesto me contava que elas existem há 100 milhões de anos. Dizia que já constavam nos rabiscos dos habitantes das cavernas, nos hieróglifos dos egípcios, nas histórias dos gregos, nos textos do Velho Testamento. Lembram da terra que jorra leite e mel?

Nos brasões da Idade Média. Simbolizavam o poder, a saúde, a sabedoria, a abundância.

– E sabem se organizar socialmente – acrescentou Jarina, levando a conversa para o seu campo de interesse.

– E também no trabalho – completou dona Áurea. – As campeiras são aquelas que saem da colmeia em busca de suprimentos. As demais ajudam as campeiras a descarregar o néctar. Cooperação!

Jarina relacionou o fato com o trabalho na RC: como as abelhas campeiras, seus colaboradores buscavam suprimentos, ou seja, o néctar das informações, para transformá-lo em descobertas e aprendizados, ou seja, em mel, para toda a colmeia.

– Aprendi com Ernesto que, em uma colônia de abelhas, a autoridade é descentralizada – observou dona Áurea.

– E a abelha-rainha, não é ela quem manda? – quis saber Muacy.

– Ela fica ocupada em criar futuras gerações. Sabe que existem abelhas em posição melhor que a dela para avaliar as necessidades da colônia.

– Caramba! Nas empresas a centralização é maior do que nas colmeias! – disse Jarina.

– E ainda impedem aqueles que têm as informações de decidir – acrescentou Muacy.

– O ideal é que essas pessoas com acesso às informações relevantes sejam preparadas para tomar decisões também relevantes – refletiu Jarina.

– Isso se chama autonomia – completou Muacy.

Dona Áurea, animada com o interesse dos dois e com as oportunas analogias, concordou e foi além:

– Por meio das informações, as abelhas se organizam naturalmente. O objetivo é produzir bons resultados para toda a colônia.

– A Magalhães é uma colônia menor, talvez não fosse muito difícil, mas como conseguir o mesmo resultado em uma colônia do tamanho da Zênite? – indagou Muacy, externando o que acabara de pensar.

– Às vezes as colônias crescem tanto a ponto de seu tamanho se tornar insustentável – revelou dona Áurea.

– E daí, mamãe? – questionou Jarina.

– Daí que um bando parte em busca de um novo lar. É impossível manter o tamanho gigante e a produtividade ao mesmo tempo.

Jarina adaptou esse detalhe à realidade corporativa, pensando naquela subdivisão não como outra empresa, mas como outras "colônias" dentro da mesma empresa. Quem sabe seriam unidades que permitissem o compartilhamento de informações, descobertas e aprendizados, permitindo respostas rápidas às súplicas dos clientes?

– Considere o seguinte... – acrescentou dona Áurea, como se tivesse adivinhado as reflexões da filha. – O primeiro fator é que elas têm um propósito claro. O segundo é que são excelentes comunicadoras e sabem transformar informação em ação rapidamente. O terceiro é que confiam umas nas outras, o que faz com que se relacionem muito bem.

– Propósito claro, informação, comunicação, ação... – Muacy resumiu aquele diálogo tão esclarecedor.

– ... confiança e autonomia – arrematou Jarina.

– Em uma única palavra... – arriscou Muacy.

– ... relacionamento! – complementou Jarina.

Enquanto retornavam ao chalé, em silêncio, a jovem gestora admitiu para si mesma como foi bom ter aceitado o convite de Muacy para o fim de semana. Realmente gostou de ter concordado em dar uma folga aos livros, pensou, porque a mestra Natureza sempre tem muito a ensinar.

29 FRIO NA BARRIGA, QUARTA SEMANA

Sete e meia da manhã. Para quem se aproximava, caminhando pela rua, a neblina tentava esconder as luzes do prédio, sem êxito. Mesmo tremeluzentes, faziam com que as janelas brilhassem, sugerindo a existência de calor interno, em meio ao frio. A Zênite reluzia antes mesmo que o sol varasse as nuvens, como se quisesse se antecipar e até se sobrepor ao astro-rei. A imponência de sua sede, como metáfora, parecia desafiar auroras e crepúsculos.

Ao se aproximar, caminhando depressa, Jarina tentava domar a ansiedade. Era o dia de *aposta no cavalo,* em que esperava que Kiran assumisse por inteiro, sem hesitar, o novo modelo de trabalho. Se assim fosse, toda a companhia poderia se beneficiar do néctar recolhido pelo RC a exemplo das colônias de abelhas.

Ao chegar à antessala do gabinete dele, estranhou o silêncio. Nenhum sinal de movimento nem som de murmúrios dos deuses reunidos às segundas-feiras. Foi logo informada de que a agenda fora cancelada, porque Kiran havia sido convocado, com urgência, para ir à matriz, nos Estados Unidos.

Jarina quase desabou, amuada. Afinal, não bastava que o CEO tivesse aderido à sua proposta, porque isso ainda não significava total aceitação. Seu modelo de trabalho ainda estava à prova, e os elementos da terceira súplica seriam convincentes para levar a companhia a ajustar suas estratégias, solucionar problemas e pensar em ideias que favorecessem os clientes.

Tinha consciência de que dava munição a Kiran, para que ele, às segundas-feiras, elevasse a qualidade de diálogo com os demais diretores, distantes que estavam da realidade do dia a dia da companhia.

A quarta semana começava agora, completando a metade do tempo que Jarina tinha para reverter o Índice de Conversão ou então fazer a mala e ir embora, com uma mão na frente e outra atrás.

Estava com o mesmo frio na barriga do seu primeiro encontro oficial com Kiran, após ter sido demitida. Leu mais uma vez os dizeres no quadro da parede da antessala: *Se o cavalo vencer uma vez, sorte. Se o cavalo vencer pela segunda vez, coincidência. Se o cavalo vencer pela terceira vez, aposte nele.* Embora a guerra ainda não estivesse perdida, perdera a batalha que asseguraria a aposta no cavalo, sim. Ainda não seria dessa vez que a adesão de Kiran se transformaria em aceitação.

E o que seria tratado nos Estados Unidos? Talvez a proposta de terceirização da RC. E o que mais? Enquanto a curva do Índice de Conversão não mudasse de sentido, começando a se movimentar para cima, a tendência era que a orientação vinda dos Estados Unidos fosse cada vez mais drástica. O que mais poderia vir de lá? Se no Brasil o Olimpo já estava bem distante da realidade, que dirá o Olimpo de lá.

O turbilhão de pensamentos que havia tomado a mente de Jarina foi, de súbito, ocupado por uma nesga de otimismo. E se Kiran voltasse com uma boa notícia? Quem sabe ele tenha levado consigo as informações das duas primeiras súplicas: *dê-me autonomia* e *oriente-me*. Duas velas para iluminar a escuridão pela qual passava a companhia, quiçá em todo o mundo. Quem sabe os deuses de lá clamassem por mais velas e tivessem curiosidade por outras velas a revelar ainda? Quem sabe?

No fundo, Jarina procurava argumentos para não esmorecer. A energia da sua equipe ia se elevando a cada semana e ela não queria que aquele ânimo baixasse. Ainda tinha um bom percurso pela frente, e era preciso manter a chama em alta.

Como de hábito, as manhãs de segunda-feira eram muito aguardadas pela equipe, sequiosa por notícias no retorno de Jarina do monte Olimpo. Daquela vez ela voltou mais cedo e nem todos ainda estavam presentes.

– Bom dia! Aconteceu alguma coisa fora da programação? – quis saber Pedro, ao vê-la chegar antes do costume.

– Kiran viajou para os Estados Unidos. A reunião não aconteceu.

– Que pena! Havia tantas informações boas da última semana para compartilhar – Tânia lamentou.

– Ele não poderia fazer a reunião por videoconferência? – indagou Guilhermo, contrariado.

– Talvez a agenda apertada, outras preocupações, o fuso horário... não sei – Jarina não escondia seu descontentamento.

– Você parece ter se frustrado bastante com esse desencontro... – comentou Antônia, com empatia.

Os demais largaram seus celulares, indo ao encontro dela. Acabaram formando um círculo ali mesmo, entre as baias, ao qual se juntaram recém-chegados, depois de deixar suas mochilas sobre as mesas.

Ninguém tinha conhecimento de fatos anteriores. Não sabiam que Jarina havia sido demitida e estava enfrentando um desafio de vida ou morte em sua história na Zênite. Nem passava pela cabeça deles que, se fracassasse, teria de pedir demissão e ficaria sem assistência médica inclusive para sua mãe doente. Naquele momento, próximo da metade do prazo de oito semanas, o futuro ficara bem incerto. Ou mesmo sombrio.

As súplicas dos clientes ainda não haviam permeado as estratégias, táticas e operações da companhia, como Jarina tanto ansiava. Permaneciam restritas ao exercício de curiosidade e descobertas de sua equipe, sem capilaridade por toda a companhia. A efetiva utilização dos novos conhecimentos só poderia acontecer se a diretoria comprasse a ideia, convencida pelo CEO, Kiran. Mas ele ainda não tinha dado esse passo decisivo. Sem esmorecer, Jarina enfrentou a realidade com a coragem habitual e convencida de que precisaria ser mais sincera com seus colaboradores.

– Tenho conversado muito com vocês nessas últimas três semanas. Algumas vezes com todos, como estamos agora, outras, individualmente. Aprendo bastante com e sobre vocês.

Inspirados pela ampliação de curiosidade propiciada pelo diálogo com os clientes, eles concentravam as atenções na líder. Ninguém esperava o que ela estava prestes a confessar:

– Eu sou demissionária.

– Como assim? – alguém murmurou, provocando um eco na equipe.

Jarina contou toda a história, sem receio de se mostrar vulnerável. A sinceridade e a confiança que demonstrou em sua equipe aumentaram a aproximação resultante do novo modelo de trabalho.

– Não se trata do emprego apenas... – confessou Jarina. – Eu verdadeiramente acredito que a Reviravolta AIA é a resposta de que a Zênite precisa para se reerguer como empresa.

– Você vai conseguir, Jarina! – afirmou Matilde, solidária.

– *Nós* vamos conseguir! – corrigiu Pedro.

– O nosso trabalho nunca foi tão instigante... – acrescentou Glorinha.

– Eu me sinto nutrida, a cada semana, ouvindo as súplicas dos clientes e com imensa vontade de atendê-los... – confessou Cris.

– De ir além... – complementou Bia.

– Imaginem esses nossos sentimentos espalhados por toda a companhia? – indagou Matilde, com uma expressão no olhar que indicava o quanto essa possibilidade era maravilhosa.

– Eles vão acabar entendendo nosso trabalho e objetivo... – previu Robson, referindo-se à diretoria.

Jarina sentiu a potência da energia ao seu redor, de maneira que os pensamentos positivos se sucederam em sua mente, céleres. As súplicas têm o poder de revelar o que estava velado. Têm também o poder de acionar a curiosidade de cada um. A curiosidade, quando direcionada ao outro, muda a química do ambiente de trabalho, do ego para o alter. Voltados à alteridade, o desejo de todos é de servir, ajudar, apoiar. Antes, conjugavam-se outros verbos: extrair, disputar, atingir. Mudam-se os verbos, mudam-se as intenções.

O aprendizado diário naquelas três semanas abriu o coração de todos para ouvir com atenção, interesse e empatia o drama vivido pela gestora. E o espírito de equipe era de abraçar, juntos, o desafio que até então era de Jarina.

– Vamos à nossa quarta semana! – proclamou Fernandes.

– Estou curiosa para saber qual é a próxima súplica! – disse Glorinha, visivelmente animada.

Jarina sorriu. A alegria dissipou a frustração. Sem demora, ela definiu os quefazeres:

– O trabalho da última semana em pares ajudou muito. Vamos repetir o formato, dessa vez alterando as parcerias.

– Quem será, quem será? – cantarolou, Glorinha.

– Robson com Guilhermo, Cris com Glorinha, Iolanda com Pedro, Tânia com Matilde, Antônia com Rosilda, Bia com Fernandes. Algumas vezes, um trio. Vou me integrar a algumas duplas. Boa semana a todos!

30 O IMPULSO DA CURIOSIDADE

Muacy prestava atenção no noticiário da TV da hamburgueria, enquanto aguardava Jarina.

– Dizem que a crise econômica está dificultando a vida das empresas – comentou, ao cumprimentá-la.

– As empresas criam suas próprias crises – ela contrapôs.

– É uma crise de mercado.

– E o que compõe o mercado?

– Empresas. Públicas e privadas. E as do terceiro setor.

– E quem compõe as empresas?

– As pessoas.

– Então podemos concluir que a crise econômica ou a crise do mercado é a crise das pessoas.

– Uhhh... – murmurou Muacy, como se tivesse ouvido algo aparentemente óbvio. – Então me conte, como foi a conversa com Kiran?

– Não foi... – Lacônica, Jarina conferiu o cardápio, que já conhecia de cor. Sabia muito bem o que pedir.

Muacy nem se deu ao trabalho de responder, certo de que as reticências podiam esconder algum desânimo. Mas logo percebeu que se enganara ao ouvir o breve relato.

– O dia começou em baixa, mas terminou em alta. Kiran viajou para os Estados Unidos. Não tivemos a reunião. Foi cancelada. Em contrapartida, a que tive com a equipe foi excelente! Salvou a minha manhã e o meu dia.

– Por isso tanta animação?

– Fui contagiada pelo bom astral da equipe.

– Todos? – ele provocou, sabendo dos diferentes estados de ânimo.

– Embora eles sejam muito diferentes entre si, acho que tenho lidado bem com isso. Procuro criar situações para que as diferenças se misturem. E, acredite, dá um bom caldo.

– Na Magalhães, alguns líderes tentam eliminar as diferenças enquadrando-as em cargos e funções. Assim, reduzidas, elas se tornam mais ou menos iguais.

– Tentar padronizar é inútil. O melhor e mais instigante é misturar, respeitando os diferentes estilos, inteligências, talentos. Alguns são bons de iniciativa, mas têm dificuldade para levar até o final os seus projetos. Outros têm dificuldade para dar o pontapé inicial, mas são disciplinados e perseverantes em terminar o que começaram.

– Ou seja, um complementa o outro.

– Sim, e essa é a razão de existir de uma equipe. Na minha, um é mais resistente, outro anseia por mudança. Um é mais confiante, outro, desconfiado. Um se entrega abertamente, outro demonstra cautela. Um é racional e lógico, outro, emocional e lúdico. E sempre tem o pessimista e o otimista.

– E a mistura funciona?

– É justamente o que mais funciona. Se forem enquadrados, perde-se muito. Tem aquele mais empreendedor, outro mais criativo, aquele mais organizado, outro mais obstinado pelos resultados. Cada um é um. E valioso!

– Qual é o melhor estilo?

– Todos, quando existe liberdade e uma relação de interdependência. Para conseguir os melhores resultados, uma empresa necessita de todos os estilos interagindo com sinergia.

– É um grande desafio para quem lidera.

– O meu papel como líder é apreciar, valorizar e saber tirar proveito das diferenças. Não é tentando tornar as pessoas iguais que se constrói um trabalho com grandeza, mas sim aproveitando as diferenças. Minha função é de ser catalisadora.

– E o que é ser catalisadora?

– Ser capaz de juntar esforços, energias e talentos em prol de um objetivo comum.

– E qual é o objetivo comum de vocês?

– Hoje a energia da equipe se elevou quando eles souberam do meu desafio pessoal e profissional. Contei para eles sobre a minha condição de demissionária.

– Você está louca? Como pôde abrir suas fragilidades dessa forma? – Muacy não disfarçou sua inquietação.

– Se eu me abro, eles também se abrem. Aliás, até já têm feito isso nas nossas conversas. Por que eu deveria agir de outra forma?

– Porque você é a líder.

– Essa é só uma função que eu ocupo. Não me define como pessoa. Quero que me reconheçam como ser humano, não pelo cargo que exerço. Se nos reconhecermos como seres humanos, vamos ser capazes de fazer o mesmo com os clientes. Do contrário, continuarão sendo apenas clientes, todos mais ou menos iguais.

Os lanches chegaram. Faminto, Muacy se preparou para a primeira mordida. Antes, porém, indagou:

– E quem disse que o seu desafio pessoal e profissional é o objetivo comum de todos?

– Transformou-se em uma causa provisória, até que a companhia tenha um propósito, algo muito mais inspirador do que o Índice de Conversão.

– E o que mais vocês têm em comum além de uma causa provisória?

– Hoje nós formamos um time de abelhudos.

– Inspirada no que vimos no apiário?

– Exatamente! – ela sorriu, lembrando do agradável fim de semana no campo, por iniciativa dele. – Às vezes o que falta, de verdade, é um impulso de curiosidade. As empresas estão repletas de tarefeiros, mas poucos são curiosos. Só a minoria sabe por que faz o que faz e para quem faz o que faz.

– O arranjo tradicional de trabalho prevê um conjunto de tarefas e afazeres por meio de cargos e funções, mas nenhum sugere que as pessoas sejam abelhudas.

– Já pensou? Imagine se colocassem um anúncio assim: "Contrata-se abelhudo! O seu papel é compreender, aprender, querer saber" – brincou Jarina, rindo de sua ideia aparentemente estapafúrdia.

– Seria bem melhor do que se vê: pessoas repetindo as mesmas coisas todos os dias e do mesmo jeito, sem saber se geram algum resultado.

– Vou chamar de operadores aqueles que concentram seu tempo, atenção e esforço nas rotinas e afazeres, repetindo-se diariamente. No sentido oposto, dou o nome de abelhudos àqueles que são bisbilhoteiros, desenvoltos, desavergonhados, às vezes indiscretos e constantemente movidos pela curiosidade.

– Estou imaginando a colmeia humana – aventou Muacy.

– Os operadores são bem-intencionados, ninguém nega, mas eles estão mais na operação do que na relação. Eles se mantêm distantes, nunca sabem se o cliente está ou não satisfeito. Acreditam que já conhecem as respostas, por isso ficam acomodados em suas redomas de trabalho. Imaginam que, por estarem de fora, podem propor soluções mais isentas sobre os problemas do cliente.

– Temos muitos desses lá na Magalhães… – ironizou Muacy.

– Os abelhudos descobrem como as coisas funcionam e garantem esse movimento virtuoso. Assumem a responsabilidade por seus achados. Deslindam o que é necessário, buscam e realizam. Admitem que as respostas já conhecidas fazem parte de um enredo muito mais amplo. Sabem que os clientes e suas necessidades configuram um emaranhado de fatores materiais, morais, emocionais e psicológicos.

– Esses caras são mesmo bons! – comentou, entusiasmado, Muacy.

– E, por pensar e sentir os problemas dos clientes, dos quais estão sempre próximos, os abelhudos entendem que são mais preparados para propor soluções a desenvolver conjuntamente.

– Mas poucos são assim… bem sabemos… – caindo na real, Muacy perdeu um pouco o entusiasmo.

– Ninguém é abelhudo e todos são abelhudos! – afirmou Jarina, sem receio de estar enganada.

Muacy, meio atordoado, nem soube o que comentar, mas o espanto estava claro em seu semblante. Não pediu explicações, sabendo que uma hora ou outra a ficha poderia cair.

– Operadores ocupados com os afazeres de manter os controles em dia não são abelhudos. E também ninguém se arvora em ser curioso, pois a curiosidade não é valorizada – continuou Jarina.

– Do tipo "faça o seu trabalho e não arranje mais problemas" – exemplificou Muacy, com amplo conhecimento de causa.

– Ambientes controladores em nada favorecem o exercício da curiosidade e a existência de heróis defensores de clientes.

– Transgressores de normas são espécies raras.

– Todos são abelhudos! Não estranhe minha insistência. Para que a frase seja verdadeira, precisamos isolar o contexto, ou seja, o ambiente, para examinar o ser humano em seu estado natural, ou seja, curioso por natureza. Tem alguma dúvida?

– Sim, tenho.

– Então volte à sua infância repleta de porquês, feita de descobertas e deslumbramentos.

– É... acho mesmo que já fui assim – reconsiderou Muacy.

– Se você deseja trazer a sua criança curiosa de volta, então saiba que controle em excesso mata. Vá além do casulo ou da caixinha que representa o cargo ou função.

– Eu mesmo, admito, fico muito preso à minha área de tecnologia de informação.

– Então tente se misturar com as pessoas que cuidam dos clientes, faça contatos com alguns, converse com outros, escute bastante, aproveite ao máximo os relacionamentos para aprender e compreender, coloque-se no lugar da outra pessoa.

– Preciso alterar a minha rotina diária para adaptá-la a esse novo jeito de trabalhar. Confesso que é instigante!

– O melhor é você ir para a empresa como se fosse um estrangeiro em terras desconhecidas, com a mente cheia de pontos de interrogação. Descubra e aprenda com quem e para quem você de fato trabalha. Sabe o que tenho dito a cada um da minha equipe? Apresente-se! Faça-se presente! Reverencie! Escute! Pratique a empatia! Calce o sapato do outro! Sinta!

– Já percebi que vou ter de superar a timidez – comentou, com sinceridade, Muacy, rindo de si mesmo.

– Todos somos naturalmente curiosos, gostamos das descobertas e do aprendizado. Se a nossa criança interior continua viva, ainda somos seres de maravilhamentos, portanto capazes de transformar o trabalho em pulsante alegria.

– E você acredita que essa propagação da curiosidade vai funcionar na Zênite?

– Sim! Completamente.

Muacy não expressou, mas intimamente admirava muito a coragem de Jarina, capaz de sobrepor seu desejo ao medo. Temia, porém, que fosse apenas um sonho.

31 O MUNDO DOS HUMANOS

Dona Áurea estava se balançando em sua cadeira predileta quando Jarina chegou. Mesmo na cidade grande, mantinha os hábitos e costumes do interior, onde nasceu, viveu a infância e adolescência, casou-se.

Jarina foi até ela para dar um abraço e um beijo, acomodando-se na poltrona ao lado.

– Às vezes fico cheia de dúvidas... – abriu o diálogo, ávida por fazer confidências e ouvir as opiniões de sua mãe. Dona Áurea sorriu. Sabia que vinha conversa. – Como gestora, nem sempre sei como agir. Quando ceder? Quando não afrouxar? Quando exercer a autoridade na equipe? Quando dar autonomia? Como lidar com os conflitos? Podemos dizer que somos seres relacionais e o conflito faz parte do pacote, é isso? – Jarina misturava seus questionamentos com detalhes da longa conversa com Muacy.

– No armazém dos meus pais, quando as coisas não iam bem entre eles, o atendimento também desandava, na mesma medida.

– Penso que é isso mesmo: a qualidade das relações tem tudo a ver, diretamente, com a qualidade dos resultados. Acontece que os conflitos afetam as relações e, portanto, os resultados.

– Os conflitos acontecem porque uma ou mais pessoas enxergam o mesmo fato de maneira diferente. Simples assim.

– Quer dizer que um conflito não é gerado pelo fato em si, mas por essas versões fantasiosas. Ou seja, as pessoas agem mais pelas miragens, a interpretação da realidade, do que pela realidade em si.

– Sim, e até já falamos sobre isso em algum momento. E aí, o que fazer? – provocou dona Áurea.

– Esclarecer, perguntar, ir direto ao ponto. Caso contrário, as miragens vão aumentando de tamanho até chegarem a sobrepor-se à imagem.

– Muitas vezes os conflitos vão crescendo de tamanho. Chega uma hora em que as emoções tomam conta.

– Nessa hora, o melhor é não intervir de imediato. Espere a poeira baixar. Então, uma boa conversa pode ser a solução. Há quem fique remoendo e ruminando dias sem fim as palavras que feriram seu ego. Não vale a pena.

– Tem também as fofocas. E aí? O que fazer com elas?

– Ah! Na nossa cidadezinha do interior eram muitas! A gente não consegue acabar com elas. Se tentar, vai fortalecê-las ainda mais.

– Gostaria que não houvesse fofocas.

– Filha, você quer exercer controle sobre a natureza humana. Desista! Boa parte do disse-me-disse não passa de projeções de problemas pessoais, sem espaço para serem externados – dona Áurea continuou no vaivém.

– O problema que vejo é uma mensagem sofrer mutações até chegar ao seu destino.

– A mensagem se altera dependendo do ponto de vista de quem a emite e também de quem a escuta.

– E os teimosos? Aqueles que não desistem de suas posições e também jamais admitem estar errados. Não se interessam por opiniões alheias, acham que não têm mais nada a aprender, são donos da verdade. E aí, o que fazer? – Jarina continuou questionando sem parar.

– Vaidade das vaidades! Além de querer ter controle sobre a natureza humana, você não vai agora tentar acabar com a vaidade do mundo, não é?

Jarina riu da provocação materna e de si mesma por ter começado aquela conversa.

– Relacionamentos incluem tudo: conversas, conflitos, fatos e versão dos fatos, decepções e frustrações, vaidades. Bem-vinda ao mundo dos humanos!

Jarina entendeu a mensagem sutil. Esse era o principal material existente no trabalho e no mundo dos negócios. A área sob sua responsabilidade na Zênite era a de RC – Relacionamento com o Cliente. Tinha, portanto, muito a ser feito, em vez de restringir-se ao Índice de Conversão. Seu território de atuação podia ser muito maior. E ela também.

32 A QUARTA SÚPLICA

Na hora do compartilhamento, sexta-feira à tarde, o setor de RC era puro burburinho. Todos tão animados a falar que teriam começado a reunião mesmo que Jarina se atrasasse, mas, pontual como sempre, ela chegou a tempo.

A Reviravolta AIA estava transformando o grupo em uma verdadeira equipe. A confissão da chefe, expondo sua vulnerabilidade, elevou o engajamento mútuo, reforçando a liderança de Jarina. Ela sentia que todos estavam ao seu lado, queriam ajudá-la, prontos para o bom combate.

Se a meta era reverter o Índice de Conversão, o propósito era salvaguardar a líder dedicada e empenhada em mudar o quadro atual. A energia para que tudo isso acontecesse estava na curiosidade.

– Vamos lá! – Jarina deu sinal verde para os compartilhamentos, observando que todos queriam falar ao mesmo tempo. – Calma, gente! Temos tempo. E vamos por pares. Que tal vocês primeiro, Bia e Fernandes? – a sugestão foi imediatamente aceita.

"Às vezes você complica as coisas. A começar pela linguagem. Suplico: fale a língua dos vivos! Esses termos técnicos talvez sirvam para os seus pares, não para mim. Tudo o que eu quero é ver o meu problema resolvido!"

Bia passou a palavra ao parceiro, que trouxe mais uma contribuição interessante:

"A linguagem é uma das cancelas. Existem outras. Nem sempre consigo o interlocutor certo. Você pensa que é fácil falar com alguém na sua empresa? Mais difícil ainda é falar com a pessoa certa. A última vez passei por cinco interlocutores até chegar a alguém que podia me ajudar. Precisa ser assim?"

– Uau! Muito bom! E o que ouvimos, eu e a Antônia, estende ainda mais a questão... – comentou Rosilda, entusiasmada.

"Tenho outras coisas na vida para cuidar, e tudo o que não quero é me sobrecarregar. Busco alívio para compensar a carga pesada dos dias, e não um fardo a mais. Então, facilite a minha vida. Se existe um caminho mais fluido para eu percorrer, então sinalize. Não me deixe pendurado ao telefone aguardando atendimento, não quero contar pela sétima vez qual é o meu problema, não me faça passar de mão em mão, evite que eu ache que fazer negócio com a sua empresa é uma epopeia. Poupe-me de ficar dando voltas. Reduza o meu tempo de espera."

– Agora é a vez de Tânia e Matilde. Quem apresenta?
– Eu! – adiantou-se Matilde.

"Sabe o que sinto às vezes? Que você está mais preocupada em facilitar a sua vida, ainda que, para isso, complique a minha. Quando você fica digitando e olhando para a tela do computador, tenho a impressão de que se importa mais com os seus controles do que com a minha satisfação. Ou com a satisfação de alguém que não sou eu. Sei lá, algum departamento, algum chefe, alguma matriz."

– Ouçam o que escutei e que tem tudo a ver com isso – emendou Pedro, sem esperar que lhe dessem a vez.

"Sei que a empresa tem normas, mas às vezes parece que elas se sobrepõem às minhas prioridades. Por que a troca da mercadoria vale por 10 dias? Por que não 30 dias? Você deve conhecer bem as normas da casa, mas desconhece as minhas prioridades. É o que me parece, desculpe a franqueza."

– Pedro, não vamos esquecer este acréscimo... – complementou Iolanda:

"E não venha solicitar os meus dados pela centésima vez. Até a pizzaria do meu bairro sabe sobre as minhas preferências e o meu último pedido. Então, facilite."

– Essa cliente se expressou de uma maneira interessante, fazendo uma analogia – comentou Glorinha, pedindo a Cris que apresentasse o que ouviram.

"Deixe-me dizer uma coisa: quero viver a vida, não desperdiçá-la. Então não me venha com cardápios complicados, a exemplo de alguns restaurantes que conheço, com vários tipos de cafés, de batatas, de cervejas, de informações. Ao redor, o mundo parece estar fora da ordem. Espero um mínimo de ordem! Facilitem as minhas decisões, compras e consumo.
Ou, a exemplo de algumas instituições financeiras, não suporto contratos com letras minúsculas, que muitas vezes trazem surpresas inesperadas, e ainda a tal reciprocidade que tenho que engolir comprando algo de que não necessito apenas para eles atingirem suas metas."

– Eu e Robson captamos os quereres dos clientes, não exatamente seus ressentimentos, sem que a gente indicasse a eles qualquer rumo – contou Guilhermo.

"Gosto de ir direto ao ponto, sem rodeios. Objetividade é bom. Gosto também quando noto que você se preparou para a nossa conversa e, portanto, reconhece as minhas necessidades. Isso facilita o diálogo e a vida."

Robson tinha mais a apresentar:

"É bom quando apareço na sua empresa e me sinto aguardado. Sou tratado pelo nome, tem vaga para o meu carro e sou atendido no horário combinado. Tudo tão simples e fluido. E ainda tem uma água ou café à disposição".

Outros colaboradores compartilharam mais observações:

"Aquele sim é um não enrustido, aquele não é um suposto sim; essa ambiguidade complica muito as coisas. Gosto quando você é assertivo: sim, sim, não, não, e com isso ganhamos tempo".

"Espero que tudo seja muito simples e descomplicado. Eu não tenho todo o tempo do mundo."

Terminados os relatos, Jarina lançou a pergunta:

– Afinal, do que eles estão falando?

– Sentem dificuldade diante das complicações – diagnosticou Pedro.

– E o que suplicam? – insistiu Jarina.

– Querem mais objetividade e assertividade – arriscou Rosilda.

– Também anseiam por simplicidade e acessibilidade – acrescentou Fernandes.

– Vocês estão ficando sofisticados! – elogiou Jarina, com sinceridade.

– Eles querem, também, leveza e fluidez – disse Bia.

– Muito bem! Então qual é a súplica?

– Tá na cara! – respondeu Cris. – FACILITE A MINHA VIDA!

– Bingo! – vozes se misturavam, evidenciando a concordância.

– Estamos na metade do nosso percurso – lembrou Jarina –, mas ainda temos algumas cancelas: Kiran, o Índice de Conversão e a importância do RC para a companhia.

O coro uníssono retornou, com mais ênfase: "estamos juntos", "gostamos de desafios", "vamos em frente".

A energia estava a mil. Jarina não podia desperdiçá-la.

33 DOENÇA NÃO É ENFERMIDADE

Dona Áurea tinha uma síndrome autoimune rara e que afeta de uma a quatro pessoas em um universo de 100 mil. A doença danifica as células nervosas, provocando fraqueza ascendente a cada dia, mas se manifesta de maneira distinta em cada paciente. O sintoma mais evidente, na fase em que ela se encontrava, era o formigamento nos pés e nas pernas. Depois, poderia ser sentido também nos braços e em outras partes do corpo, como tronco e pescoço. Progressivamente, a depender da agressividade do processo, podia levar à paralisia.

Jarina, portanto, tinha sérias razões para se preocupar caso tivesse de cumprir o acordo com Kiran. As dúvidas sobre as quais acabara de conversar com a mãe, naquela noite de serão caseiro, eram apenas parte das que ocupavam sua mente. Caso se demitisse, perderia, além do necessário à subsistência, tudo o que até agora pudera garantir em termos de assistência médica e compra de remédios. Sabia que preocupar-se com essa alternativa em nada a ajudaria, mas era quase impossível não remoer seus medos quando se recolhia ao quarto para uma noite de sono.

Está certo que algumas concepções de sua mãe, compartilhadas ao longo da vida, contribuíam para que ela ampliasse a reflexão, evitando que afundasse na ansiedade. Dona Áurea distinguia muito bem doença de enfermidade. A primeira é tudo aquilo que afeta o corpo físico, mas necessariamente não resulta na segunda. Para além do corpo físico, existem a mente e a alma, as dimensões mental, emocional e espiritual. Quando todas elas são afetadas é que se configura a enfermidade. Pois aquela senhora tão sábia não se deixava afetar nessas outras dimensões.

A distinção que ela fazia em relação ao problema de saúde podia ser aplicada ao que acontece nas empresas como a Zênite, Jarina imaginava. A companhia atravessava, de fato, uma crise, cujo tamanho e extensão eram alardeados pela diretoria. Então, crise era algo manifestado em sua dimensão econômica, o corpo visível e tangível, cuja dor se expressava na última linha do balanço e nos resultados financeiros. Era ali que a doença estava instalada.

Mas uma empresa não se restringe à sua dimensão econômica, situada no corpo. Possui também mente e alma. Tal como fazia sua mãe, pensava Jarina, seria possível isolar a doença naquela esfera, impedindo que se tornasse uma enfermidade.

As reflexões de Jarina se estendiam, clareando certas áreas sombrias. Assim, pôde concluir que a doença nem sempre é voluntária, mas a enfermidade depende da própria vontade e do esforço do paciente. "A pretexto de uma doença, muitas empresas criam a própria enfermidade. Não conseguem isolar a doença do corpo, manifestada na dimensão econômica, da alma e da mente." Os pensamentos vieram sem esforço nenhum e se ampliaram, para surpresa da própria gestora:

"Se o medo sombreia de um lado, o desejo de virar o jogo na Zênite ilumina de outro. A equipe está comigo, como prova concreta da força que existe na curiosidade provocada pela Reviravolta AIA. Imagine se a gente conseguir que isso se estenda por toda a companhia, independente de onde esteja, a partir de gestores que acreditem na proposta?"

Para Jarina, quaisquer planos – de negócios, de metas, orçamentários, de marketing e mesmo de alterações tecnológicas – não teriam qualquer efeito se não contemplassem a qualidade dos relacionamentos. Era fundamental implantar uma verdadeira cultura de relacionamento impulsionada pela curiosidade.

Estava muito convencida de sua proposta, mas ainda não sabia como fazer Kiran comprar a ideia definitivamente, sem titubeios. Só com o apoio e o aval dele poderiam ser estendidas a toda companhia as descobertas, hoje limitadas à sua área. E, assim como ela conseguira elevar a energia e a motivação de sua equipe, outros gestores poderiam seguir o mesmo caminho, de maneira a reverter o declínio do clima motivacional em contínuo avanço.

Kiran precisava compreender que a nova fórmula do lucro superava com amplas vantagens o famigerado Índice de Conversão.

Para conseguir esse ponto de mutação, Jarina só contava com mais alguns dias, mas a experiência piloto em sua área mostrava indícios de sucesso. Era preciso colocar a companhia de frente para o cliente, trabalhar as relações internas e externas, e fazer da curiosidade o motor da reviravolta.

O exercício mental foi instigante, mas deixou Jarina extenuada. Decidiu que reservaria o fim de semana para si. Ia ficar em casa, entremeando o seu tempo entre o preparo para a próxima reunião com Kiran e a convivência ao mesmo tempo instigante e tranquilizadora com dona Áurea, uma fonte inesgotável de bons fluidos e sabedoria.

34 O VOO RASANTE

Lá estava ela, mais uma vez, de olho no quadro com o provérbio árabe: *Se o cavalo vencer uma vez, sorte. Se o cavalo vencer pela segunda vez, coincidência. Se o cavalo vencer pela terceira vez, aposte nele.* Jarina sabia que tinha só uma oportunidade de fazer o cavalo vencer pela terceira vez. Tentaria com afinco, mesmo admitindo que o contexto era desfavorável, ao observar as expressões dos diretores que deixavam a sala do CEO naquela manhã de segunda-feira, após o regresso dele dos Estados Unidos.

– Bom dia! Entre... – ele acentuou o convite com um gesto de mão, ainda se despedindo de alguns interlocutores.

– Olá, Kiran, espero que a viagem à matriz tenha sido proveitosa – ela comentou, enquanto notava os mesmos sinais de clima pesado no gabinete dele já observados nas ocasiões anteriores.

– Nossos parceiros estão muito voltados aos avanços da tecnologia. A conversa por lá gira em torno de TI e internet. Da *Big Data*, da análise avançada de dados e dos algoritmos – ele comentou, oferecendo a ela um copo d'água semelhante ao que acabara de se servir.

– Não se falou sobre pessoas?

– Falamos, sim, e do quanto a inteligência artificial e a robótica vão substituir a mão de obra humana nos setores de manufatura, serviços, conhecimento e entretenimento.

– Somente sobre isso?

– Sim, e do quanto as pessoas não são tão eficientes e produtivas quanto a tecnologia da informação, a robótica e a inteligência artificial que as substituem.

– Nada mais?

– Computadores estão sendo programados para reconhecer padrões, sugerir hipóteses, autoprogramar respostas e implementar soluções.

– A pauta foi bem concentrada, então!

– Sim, focada em megadados e algoritmos. Nunca ouvi tanto essas duas palavras.

– Parece que deram um tempo no Índice de Conversão.

– De jeito nenhum! Toda a parafernália tecnológica é justamente para gerenciarmos o Índice de Conversão.

Jarina ficou desolada. Kiran parecia ter retornado à estaca zero. Nem mencionou a Reviravolta AIA e as súplicas dos clientes. O sistema técnico havia se sobreposto ao sistema humano, do qual não deviam ter restado nem vestígios.

Se declarasse o que estava pensando, na certa anteciparia sua demissão. Preferiu abrir uma rota alternativa para não colidir. Tomou um gole de água, para ganhar tempo, antes de perguntar:

– Como foi a viagem de avião?

Kiran estranhou a mudança brusca de assunto, a julgar por sua expressão de surpresa.

– Foi bem...

– Lembra da viagem que fizemos aos Estados Unidos? Foi na véspera da minha promoção, quando fui conhecer a matriz.

Visivelmente desconcertado, Kiran substituiu a resposta por um sorriso enviesado.

– Quando a gente espia da janela do avião, o mundo lá embaixo parece viver na santa paz. Tudo tão sereno e calmo. Durante as aproximações, para aterrisagem, dá para ver melhor detalhes da paisagem: os carros em movimento por estradas sinuosas, os rios parecem plácidos e sem correntezas, as ondas do mar se espalham pela areia sem vontade de voltar. Enfim, o tempo da eternidade. – Jarina descrevia as imagens que passavam em sua tela mental de uma forma como ele, acostumado a viajar com muita frequência, jamais havia pensado. – A sublime tranquilidade parece verdadeira até o avião rolar pela pista e parar na área de desembarque. Nós, passageiros, finalmente estamos à flor da terra. Aí, sim, temos de nos defrontar com a realidade. Nada calma nem serena ou tranquila. Bem ao contrário. Existem vulcões em erupção por todos os lados.

– Afinal, aonde você quer chegar?

– Estou fazendo uma analogia para mostrar o viés de percepção que existe entre o topo e a base na companhia. Não há nada mais distante da realidade do que a sala da diretoria e as reuniões que tratam das diretrizes estratégicas.

Kiran engoliu em seco, mas ela não se intimidou:

– Observar a realidade a partir dessa perspectiva é como olhar da janela do avião. Desça para ver!

Kiran respirou fundo.

– É no topo que as estratégias são delineadas, mas é na base que o jogo acontece. As negociações ocorrem três ou quatro níveis abaixo do cume, e isso faz uma grande diferença. Afinal, você quer que a Zênite reverta o Índice de Conversão, não é mesmo?

A pergunta-chave pairou no ar, densa como se fosse feita de matéria.

Kiran assentiu com a cabeça, um tanto inseguro quanto à intenção da jovem com aquele discurso.

– Observe a decisão de compra por parte do cliente. Muitas vezes, é tomada por um engenheiro de vinte e poucos anos de idade, que trabalha na apertada baia de algum escritório desorganizado, em uma cidadezinha do interior. De nada adiantou enviar o presente de fim de ano para a diretoria da empresa ou para o superior do superior daquele jovem. Não é o pessoal do staff que decide. A palavra final está nas mãos do rapaz, para quem foi delegada essa incumbência. Nem adiantaria, aliás, tentar a bajulação com ele, pois a relação com a base é de outra natureza.

– Mas os topos das organizações fazem seu networking.

– Que não serve para muita coisa. Desses relacionamentos podem fluir boas conversas sobre barcos, viagens, golfe e vinhos, mas é na base da pirâmide que as coisas acontecem.

Kiran engoliu em seco pela segunda vez.

– A base da pirâmide tem mais poder do que se imagina, e, se carece de autoridade para decidir, tem autonomia para impedir ou emperrar qualquer processo com o qual não concorde.

Jarina havia se preparado. Falava com segurança.

– Ainda lembra da nova fórmula do lucro? – arriscou, atenuando o tom.

– Sim. Lucro é igual a colaborador comprometido mais cliente fidelizado.

– Fico feliz que não tenha esquecido! O cliente externo muitas vezes é atendido com atraso, porque o colaborador, na base da pirâmide corporativa, costuma desrespeitar o prazo acordado. Muitas vezes é, também, um garoto que nem sequer concluiu a faculdade. Tem mais poder do que você imagina. – Jarina tentava fazer a realidade chegar ao Olimpo. – Lá de cima, pouco se consegue ver. Nada que ultrapasse um décimo da realidade. E é com essa ínfima parcela do todo que muitas decisões de grande alcance são tomadas. Não é à toa que a companhia não consegue reverter o Índice de Conversão.

Inquieto, mas atento, Kiran começou a andar de um lado para outro.

– É na base que tudo acontece. Quer notícias da base?

– Sim – a resposta dele foi quase inaudível.

– Então, dê uma olhada no que a equipe do RC apurou nas duas últimas semanas... – ela sugeriu, entregando o documento impresso, que ele foi perscrutando.

"Tudo o que vocês queriam era fechar a venda e agora somem de vista? Saiba que isso não me agrada. Constatar que vocês estavam mais preocupados com a venda do que com a relação me causa mal-estar. Sinto-me um meio utilizado para atender algum fim do interesse de vocês."

"Vocês ficaram com o meu dinheiro, mas não com a minha fidelidade, é bom que saibam. Fidelidade depende de atenção, comunicação e compromisso. Compromisso, para mim, é manter contato entre uma compra e outra."

"A insatisfação se agrava quando o produto ou serviço que vocês oferecem não correspondem às minhas necessidades. Acreditei, comprei, mas

continuo com o meu problema. A promessa de vocês não foi cumprida a contento."

"E quem disse que consigo falar com vocês sobre a minha frustração? Nossa relação é mais uma via de mão única. Vocês sabem quando e como me acessar quando existe algum interesse da sua parte. Mas a recíproca não é verdadeira. Tenho dificuldade para fazer contato com vocês. Parece que se protegem em uma redoma, à qual sou obrigada a me submeter. Busco uma relação de duas vias."

"Para começar, quando ligo para a sua empresa, passo por um ritual de digitar vários algarismos até chegar ao setor ou ao assunto que me interessa. Não quero saber de respostas prontas para perguntas que não são as minhas. E também não tenho nenhuma garantia de que vou ser atendido por alguém ciente do meu problema. Tenho de repetir toda a história, a cada vez."

"Os horários de vocês não correspondem aos meus. Sei que existem normas, porém certamente não foram pensadas para a minha comodidade. Tenho de me submeter a tudo que determinam. Por favor: abram espaço para as minhas reclamações, indagações, indignações, comentários e críticas e não me deixem a ver navios. Respondam rapidamente, para que o grau de frustração e insatisfação não afete a qualidade da nossa relação."

"Esse sentimento de que as suas conveniências prevalecem sobre as minhas é que me mantém afastado. Gostaria de me engajar mais a você, à sua empresa, contribuir com o seu negócio, mas me parece que vocês não têm essa filosofia de aproximação e disponibilidade.

Se for assim, saibam que a minha fidelidade é provisória, ela precisa ser conquistada continuamente. E, se isso não os incomoda, vou procurar alguém para quem eu seja especial."

"Gosto quando existe proximidade e até parece que faço parte da equipe em muitas ocasiões; e dou alguns exemplos. Quando a minha opinião

*interessa e é levada em conta, quando melhorias são feitas conside-
rando as minhas observações, quando noto que vocês verdadeiramente
se importam e têm disposição para ouvir, acolher, acatar o tempo todo.
E tem mais: espero que vocês estejam disponíveis 24 horas por dia, nos
sete dias da semana. Espero que vocês se encaixem na minha agenda
e não eu à sua. Tenho mais em que pensar. Sei que a tecnologia pode
ajudá-los nisso, mas não deixem que ela se sobreponha ao respeito e
ao relacionamento gentil."*

*"Sei que você não vai e talvez nem possa levar em conta todas as
minhas informações e solicitações, mas o que eu gosto mesmo é de ser
considerado. Consideração, para mim, além da disponibilidade de
escuta, é dar algum retorno às minhas queixas e reclamações, mesmo
que não ofereça alguma solução imediata."*

*"Disponibilidade tem custo? E quem disse que eu não estou disposto a
pagar por ela?"*

– Puxa! Como vocês conseguiram essas informações? – Kiran
parecia não lembrar das conversas anteriores.

– Diretamente da fonte. Essa é a terceira súplica: ESTEJA DIS-
PONÍVEL! Estou acionando a curiosidade de todos na área de RC.
A minha equipe está desenvolvendo a capacidade de escuta, como
já lhe disse. A tecnologia pode ajudar muito, mas não consegue
se relacionar humanamente com as pessoas.

Kiran foi até a janela e ficou observando, lá embaixo, o fluxo de
veículos que se entrecortavam no trânsito congestionado.

– Quer saber mais? – E, antes que Kiran respondesse, Jarina
lhe entregou os depoimentos reunidos na quarta súplica.

*"Às vezes você complica as coisas. A começar pela linguagem. Suplico:
fale a língua dos vivos! Esses termos técnicos talvez sirvam para os
seus pares, não para mim. Tudo o que eu quero é ver o meu problema resolvido!"*

"A linguagem é uma das cancelas. Existem outras. Nem sempre consigo o interlocutor certo. Você pensa que é fácil falar com alguém na sua empresa? Mais difícil ainda é falar com a pessoa certa. A última vez passei por cinco interlocutores até chegar a alguém que podia me ajudar. Precisa ser assim?"

"Tenho outras coisas na vida para cuidar, e tudo o que não quero é me sobrecarregar. Busco alívio para compensar a carga pesada dos dias, e não um fardo a mais. Então, facilite a minha vida. Se existe um caminho mais fluido para eu percorrer, então sinalize. Não me deixe pendurado ao telefone aguardando atendimento, não quero contar pela sétima vez qual é o meu problema, não me faça passar de mão em mão, evite que eu ache que fazer negócio com a sua empresa é uma epopeia. Poupe-me de ficar dando voltas. Reduza o meu tempo de espera."

"Sabe o que sinto às vezes? Que você está mais preocupada em facilitar a sua vida, ainda que, para isso, complique a minha. Quando você fica digitando e olhando para a tela do computador, tenho a impressão de que se importa mais com os seus controles do que com a minha satisfação. Ou com a satisfação de alguém que não sou eu. Sei lá, algum departamento, algum chefe, alguma matriz."

"Sei que a empresa tem normas, mas às vezes parece que elas se sobrepõem às minhas prioridades. Por que a troca da mercadoria vale por 10 dias? Por que não 30 dias? Você deve conhecer bem as normas da casa, mas desconhece as minhas prioridades. É o que me parece, desculpe a franqueza.

E não venha solicitar os meus dados pela centésima vez. Até a pizzaria do meu bairro sabe sobre as minhas preferências e o meu último pedido. Então, facilite."

"Deixe-me dizer uma coisa: quero viver a vida, não desperdiçá-la. Então não me venha com cardápios complicados, a exemplo de al-

guns restaurantes que conheço, com vários tipos de cafés, de batatas, de cervejas, de informações. Ao redor, o mundo parece estar fora da ordem. Espero um mínimo de ordem! Facilitem as minhas decisões, compras e consumo.

Ou, a exemplo de algumas instituições financeiras, não suporto contratos com letras minúsculas, que muitas vezes trazem surpresas inesperadas, e ainda a tal reciprocidade que tenho que engolir comprando algo de que não necessito apenas para eles atingirem suas metas."

"Gosto de ir direto ao ponto, sem rodeios. Objetividade é bom. Gosto também quando noto que você se preparou para a nossa conversa e, portanto, reconhece as minhas necessidades. Isso facilita o diálogo e a vida."

"É bom quando apareço na sua empresa e me sinto aguardado. Sou tratado pelo nome, tem vaga para o meu carro e sou atendido no horário combinado. Tudo tão simples e fluido. E ainda tem uma água ou café à disposição."

"Aquele sim é um não enrustido, aquele não é um suposto sim; essa ambiguidade complica muito as coisas. Gosto quando você é assertivo: sim, sim, não, não, e com isso ganhamos tempo.

Espero que tudo seja muito simples e descomplicado. Eu não tenho todo o tempo do mundo."

– A quarta súplica, Kiran, é: FACILITE A MINHA VIDA! Você já imaginou o que tem de material de trabalho para a Zênite nesses depoimentos? Tanto no sentido da resolução de problemas como no sentido de inspirar ideias para fidelizar clientes e reverter o Índice de Conversão.

– Sem dúvida, é um material muito rico, mesmo considerando uma pequena amostra – Kiran admitiu, sem retrucar.

– Isso tudo em apenas duas semanas. Imagine essa prática sendo vivida por toda a companhia.

– Não consigo imaginar.

– Kiran, não se trata apenas de obter informações dos clientes para alimentar uma base de dados. A proposta é instituir uma cultura de relacionamento na Zênite.

Dessa vez ele não respondeu prontamente. Pensou bem, andando de novo de um lado para o outro, até apresentar uma proposta a Jarina:

– Os diretores estão muito assoberbados para viabilizar as novas tecnologias vindas dos Estados Unidos, mas... acho que existe espaço para algo mais. Você quer apresentar a Reviravolta AIA para eles na próxima reunião?

A aposta no cavalo acabara de ser feita! Jarina não cabia em si de contente, mas conseguiu responder com calma e um traço de fina ironia:

– Vai ser muito bom que façam uma ligeira aterrissagem no sistema humano, enquanto o sistema técnico está sendo implementado. Topo.

Jarina não via a hora de descer do Olimpo para encontrar-se com os seus.

35 SIGNIFICADOS COMPARTILHADOS

Dilim. Quando, mais uma vez, a porta do elevador se abriu, para satisfação dos pares de olhos que aguardavam ansiosamente sua chegada, Jarina apareceu com um sorriso no rosto. Sem demora, fez um breve relato do que acabara de acontecer, arrematando:

– Kiran fez a sua aposta. E quer que os demais diretores conheçam a Reviravolta AIA. Fui convidada para participar da próxima reunião da diretoria.

– Uau! – os sussurros de exclamação ecoavam.

– Estamos prestes a estender o nosso trabalho para toda a companhia! – comentou Pedro, com firme aposta na esperança.

– Na hora certa! Agora estamos prontos! – complementou Matilde.

Abraçando-se, os colaboradores comemoravam aquele passo importante. A estratégia de Jarina para com a empresa estava surtindo efeitos nos clientes e na própria equipe. O nível de motivação e engajamento se elevava continuamente.

– A Reviravolta AIA prossegue. Aqui estão as perguntas para a quinta súplica – indicou Jarina.

– E como vamos nos organizar esta semana?

– Vocês decidem! Sugiro um desafio a cada um: busque alguém com quem você ainda não tenha formado par. Vamos experimentar novos entrelaces.

Mais uma vez ela se dirigiu a sua sala, agora com a sensação inebriante de vitória. Ainda parcial, ela sabia muito bem, mas o passo fora decisivo. Precisava de um tempo de recolhimento, para refletir e anotar tudo o que lhe vinha à mente, assegurando-se de que teria o conjunto de observações consigo, em letra de forma.

"Muitas vezes o que falta é uma conversa. Não qualquer uma, mas sim uma conversa em bom tom. Essa é a melhor forma de fazer as coisas recomeçarem a fluir, quando entalam sem sair do lugar. É o sutil detalhe capaz de abrir janelas de oportunidade para que o breu dê lugar a alguma luz salvadora.

Cada conversa tem poder por si só. Não existe jeito melhor de compartilhar significados. De alto nível, então, tem poder redobrado. Não se trata de algo rebuscado, feito de esmero literário, caprichando no vocabulário, no vernáculo e na semântica. Não é nada disso.

O problema é que, de modo geral e nas diversas situações dos relacionamentos, as conversas são superficiais, fragmentadas e triviais, e delas nada ou pouco se aproveita. Sem mencionar as que se repetem todos os dias como num feitiço do tempo. Ou seja: as mesmas pessoas, papeando sobre as mesmas coisas, presas aos mesmos e surrados pontos de vista. Uma mediocridade que só se retroalimenta.

Existem aquelas em que as mesmas e divergentes crenças prevalecem, em que são debatidos pressupostos distintos, como se os participantes estivessem em um campo de batalha. Basta notar como as miragens – as mesmas de sempre – viram assuntos improdutivos, pois não passam de alucinações individuais ou coletivas, totalmente descoladas da realidade. É só perceber, também, como a miragem compõe a fantasia sobre a qual são tomadas decisões e feitas apostas equivocadas.

Isso quando não ocorre o inverso: os interlocutores optam por um 'acordo tácito' em que cada um evita dizer algo que possa contrariar os demais, para evitar conflitos. Os problemas, porém, permanecem, latentes, pulsantes. E com consequências.

A conversa é libertadora, quando de bom nível e dela se participa usando não apenas a boca e os ouvidos, mas o coração e a mente. O seu principal propósito é compartilhar significados.

As súplicas abrem espaço para conversas de qualidade, pois, quando o processo é bem-feito, a tendência é substituir miragens por imagens, por meio da atenção e do interesse de servir a algo ou alguém. Tem, portanto, muito mais valor a conversa *alter*, ou seja, voltada para o outro, do que a conversa *ego*, em que cada parte não se desprende dos próprios interesses e pontos de vista.

A Zênite precisa assumir o compromisso com os seus clientes, para valer! Tem de reconhecer que a queda no Índice de Conversão deve-se ao fato de se manter alheia à importância dos relacionamentos. As declarações de súplicas têm mostrado isso semanalmente.

Quando as miragens prevalecem, o exercício de pensar o futuro não passa de mera ilusão. São as mesmas pessoas, com as mesmas miragens, elucubrando as mesmas fantasias. Fantasia é diferente de imaginação. Imagens alimentam a imaginação, e imaginar coletivamente é o salutar exercício de criatividade. E é nesse imaginário fértil que se encontram as grandes oportunidades de inovação e perenização da companhia.

A conversa de qualidade faz parte da cultura de uma empresa que investe nos relacionamentos. O significado compartilhado é o amálgama que mantém essa cultura. Significados coletivos são sempre poderosos. É isso que venho experimentando com minha equipe desde que iniciamos o processo."

Jarina concluiu os apontamentos e, em vez de se sentir exausta porque a manhã foi mesmo extenuante, percebeu que estava faminta. Não apenas para o almoço, em seguida, mas para acompanhar com atenção redobrada a próxima etapa do trabalho, não só como observadora, mas, sobretudo, como participante.

36 COMENSAIS DE OURO E MARFIM

Naquela noite, quem cuidou do jantar foi Jarina. Muacy chegou com uma garrafa de vinho tinto.

– Este é um momento de comensalidade.

– Que bela palavra, dona Áurea! – ele comentou, enquanto enchia as três taças sobre a mesa. – O que significa?

– Significa comer e beber juntos – ela definiu, lembrando que levantaria a sua taça, mas não tomaria vinho, por causa dos medicamentos.

Brindaram à noite.

– Desde sempre, quando nossos ancestrais voltavam da caça, da pesca ou da coleta de frutas e sementes, eles não comiam individualmente. Alimentar-se era uma atividade comunitária – dona Áurea, como sempre, abria as perspectivas.

– Ainda hoje, não curto comer sozinho. Gosto de ter alguém a meu lado. De preferência a Jarina – Muacy piscou para a namorada.

– E lá na sua hamburgueria preferida – ela completou, retribuindo a piscadela.

– Então, a gente se refaz na mesa da comensalidade – continuou dona Áurea, realinhando a conversa, distante do namorico.

– Comer e beber é muito bom, principalmente junto de quem se gosta – confirmou Muacy, enquanto saboreava outro gole do vinho.

– Mas não se trata apenas da fome física. Existem outras fomes, saciadas na comensalidade: de conhecimento, reconhecimento, afeto, verdade, ternura, beleza, amor e poesia – dona Áurea seguiu em sua bela toada.

Enquanto isso, Jarina tratava de aplacar a mais básica, ao servir, na travessa de porcelana, as apetitosas postas de peixe assado com batatas, brócolis, pimentões, tudo regado a azeite.

– Os alimentos também são mais do que alimentos. Simbolizam a nossa companhia, o nosso compartilhar, a nossa alegria de viver juntos. – A satisfação de dona Áurea era evidente.

– Mais um brinde: aos significados dos alimentos! – propôs Muacy, erguendo a taça.

– A eles! Mamãe, qual a razão do seu nome, Áurea? – Jarina deu outro rumo à conversa.

– Seu avô era muito curioso, culto. Gostava de aprender, embora não tivesse formação acadêmica.

– Sei que foi um bom comerciante.

– Sim, apreciava e se dedicava muito ao trabalho, assim como a sua avó. Para eles, manter a venda era, antes de tudo, um jeito de se relacionar e de ajudar outras pessoas.

– E também de ganhar dinheiro.

– Sim, mas ele gostava mesmo de cultivar os relacionamentos. Daí o meu nome.

– Ué! O que tem a ver uma coisa com a outra, mamãe?

Dona Áurea estava experimentando o peixe e não respondeu de imediato. Mergulhada momentaneamente em recordações, logo retornou ao presente. Gostou muito de constatar que, pela primeira vez, a filha se interessava pela origem do seu nome.

– Áurea representa algo dourado, feito de ouro. Papai era um adepto da Regra de Ouro: *Não trate os outros como você não gostaria de ser tratado.* Sempre a repetia lá em casa.

– Simples assim?

– Simples, mas nada fácil. Ele costumava nos lembrar do que tira o brilho do ouro.

– E o que tira o brilho do ouro? – Muacy perguntou, entre uma garfada e outra, atento ao assunto.

– Quando pressionados, trocamos a delicadeza pela aspereza e ferimos a Regra de Ouro.

Jarina e Muacy sabiam muito bem o quanto a pressa e a pressão determinam o tom nos ambientes de trabalho, fazendo as relações perderem em qualidade, tanto interna quanto externamente.

– A prioridade também tira o brilho do ouro, e isso acontece quando o que conta mais são os resultados e não a forma de obtê-

-los – acrescentou dona Áurea, a partir dos exemplos observados com seus próprios pais na gestão da venda.

– No afã dos resultados e para consegui-los, atropela-se o processo. É o que acontece tanto na Zênite como na Magalhães – exemplificou Jarina.

– Você tem se preocupado bastante com isso, filha. Aliás, há outro elemento que também tira o brilho do ouro, relacionado à maneira como se faz uso do poder. Quando autoritário e competitivo, o poder dilacera a Regra de Ouro.

Jarina não deixava de refletir que os líderes nem sempre tratam os outros como eles mesmos gostariam de ser tratados. "Ao contrário", pensou, "a caixinha de cima do organograma torna presunçosos muitos de seus integrantes."

– Papai costumava brincar com o brilho do ouro, fazendo perguntas à queima-roupa, como: "Cite as três pessoas mais ricas do mundo". Enquanto eu ficava pensando, sem ter nenhuma resposta na ponta da língua, lançava outra: "Cite três amigos que estiveram ao seu lado nos momentos difíceis".

– Acho que estou entendendo... – admitiu Muacy.

– Era uma cascata de questões, gente! Mal eu absorvia as primeiras, lá vinham outras: "Cite cinco pessoas que ganharam o prêmio Nobel"; "Cite cinco pessoas com quem você aprendeu alguma coisa relevante".

– Poxa! Nunca tinha pensado nisso. A gente sempre pensa nos vitoriosos mais célebres como referência – comentou Jarina, interessada nas perguntas do avô.

– E continuava à queima-roupa: "Cite as seis celebridades que você mais aprecia da atualidade"; "Cite seis pessoas cuja companhia você aprecia".

– Entendi. Essas são as pessoas que realmente importam: as que ficam ao nosso lado nos momentos difíceis, as que nos ensinam coisas relevantes, as que nos fazem sentir bem ao seu lado – Muacy lançou um olhar cúmplice para Jarina.

– Também aquelas que nos fazem sentir pessoas queridas e especiais e que nos inspiram para a vida. Papai era um mestre nas relações humanas. Por isso, aperfeiçoou a Regra de Ouro: *trate as pessoas melhor do que elas tratam você.*

– Sábia dona Áurea, não imaginava existir, por trás do seu lindo nome, lições tão preciosas sobre as relações humanas – elogiou, sinceramente Jarina, inclinando-se para beijar a testa da mãe.

– E você anda muito curiosa ultimamente!

– Conte para o Muacy a história do meu nome.

– Também é coisa do seu avô.

– Só podia...

– Jarina é uma palmeira nativa da Amazônia. Quando papai esteve por lá, voltou com um punhado de sementes de jarina, conhecida como o marfim vegetal. É muita usada para fazer joias artesanais.

– Ouro e marfim! Então o vovô nos considerava uma dupla de preciosidades!

– E tem mais sobre o seu nome. Nativos da América, como os Maias, os Incas e os Astecas, usavam a jarina para melhorar a saúde emocional, espiritual e para o bem-estar. Ela estimula as virtudes do coração, do amor, da compaixão e da bondade. Virtudes que elevam as relações humanas.

– Uau! Tudo a ver! Meu nome tem poder! – Jarina se divertia com as referências que quase a transformavam na Mulher--Maravilha.

– E o seu nome, o que quer dizer, Muacy? – perguntou dona Áurea.

– Não sei direito... alguns dizem que foi sugerido pelo meu pai, outros, pela minha avó. Há controvérsias. Parece que tem a ver com um guia indígena que conduziu meus pais quando viajaram para a Amazônia. – O rapaz pensou no quanto gostaria de ter certeza a respeito, mas não tinha a mesma sorte da namorada.

O jantar foi um momento agradável para todos e se estendeu noite adentro, com direito a sobremesa e licor. Muacy agradeceu pelo convite e chamou um táxi, porque não dirigia se bebesse qualquer coisa alcoólica. Depois de se despedir dele, Jarina ainda não estava pronta para dormir. Ao contrário, entregou-se às reflexões suscitadas pela conversa e tratou de anotar tudo.

"Muitas pessoas desconhecem a razão de seu nome, por falta de interesse ou curiosidade. Todo nome tem um significado, inclusive o das empresas. Quem quer mesmo saber? E pensar que todos já fomos crianças curiosas, cheias de indagações: 'Por que o céu é azul?', 'Por que existe o inverno?', 'Por que a água do mar é salgada?'.

A curiosidade infantil não cessa nunca. Quer saber sobre a anatomia e a vida dos insetos, a alimentação dos animais, o crescimento e a floração das plantas, entre outras inúmeras questões. Toda criança tem um quê de cientista, fazendo experimentos, testando hipóteses, aprendendo com os erros. Testa a alquimia dos alimentos mexendo com fogo, coloca em xeque a teoria da gravidade experimentando a consistência dos objetos, faz aviões de papel para observar a força do ar e barcos de papel para examinar a força e o fluxo da água.

A criança também considera o mundo um grande ateliê de arte. Encanta-se com as cores do arco-íris e com as asas da borboleta. A natureza é a sua grande fonte de inspiração. Rabisca e desenha tentando reproduzir o que a sua mente é capaz de registrar. Mistura tintas para inventar novas colorações.

A criança é a atenção, o interesse, o estado de presença, a abundância da vida, o encantamento com o mundo, a ausência do medo, até que... o adulto entra em cena. E ele nunca vem só, sempre traz o medo consigo, preocupado com os noticiários fúnebres, a violência apregoada pela mídia, as guerras e mortes, as corrupções e ódios. E acabou-se o que era doce.

Aliás, os adultos sempre se apresentam para quebrar o encanto das brincadeiras, como bem fazia meu pai e sua cascata de broncas: 'desça daí', 'não mexa nisso', 'assim você vai se machucar', 'olhe que o bicho morde', 'não chegue perto', 'você vai levar um choque', 'afaste-se', 'cuidado!', 'perigo!'.

A intenção, claro, era de me proteger, mas ele não deveria reprimir o que é natural: a energia, a curiosidade e o espírito empreendedor. Muito menos os sonhos. Crianças são moldadas e remodeladas quase sempre influenciadas pelo medo que os adultos sentem. À medida que crescem, tornam-se pessoas assustadas e acuadas, com talentos represados, propensas ao mundo da criatura, não à vida de criadora.

Trato de inverter a seta com a minha equipe, instigando a curiosidade de cada um. Estou resgatando aquela curiosidade cercada de 'porquês', exercitando a engenhosidade e a criatividade, sacudindo o pó do marasmo e do sedentarismo, dando asas à imaginação, reativando os desejos e aquela verve empreendedora de quando os sonhos eram cercados de esperança.

Por que o impulso da curiosidade não pode se espalhar por toda a companhia?

Que a gente nunca perca o direito e o dever de maravilhar-se! E a chance de conhecer mais uns aos outros."

37 O RESULTADO NA ORDEM DO DIA

Ansiosos para compartilhar suas descobertas, todos os colaboradores do RC estavam presentes bem antes do horário de sua reunião da sexta-feira. Sempre ávidos para compartilhar o que aprenderam e também o que descobriram na troca de pares, queriam falar ao mesmo tempo.

– Calma! – disse Jarina, sorrindo. – Noto que a vibração está em alta hoje, hein?

– Eu começo! – solicitou Robson.

– Nada disso, primeiro as damas! – Bia reivindicou.

– Queremos que você se saia bem na reunião de segunda-feira, lá onde moram os deuses – Pedro procurou justificar a ansiedade reinante.

– Eu sozinha, não! Nós! – corrigiu Jarina, de chofre.

– Não entendi… – surpreendeu-se Guilhermo.

– Nós todos vamos! – esclareceu Jarina, enfática.

– Nós todos vamos ao monte Olimpo? – quis se certificar Matilde.

– Sim! É isso mesmo que vocês entenderam.

– Uau! Nem acredito! – comemorou Glorinha.

– Já estou sentindo um frio na barriga… – confessou Rosilda, mostrando cara de enjoo.

– De frio na barriga eu entendo… – solidarizou-se Jarina, lembrando sua primeira ida ao andar superior.

– Todos juntos somos mais fortes! – bradou Guilhermo, tentando conter o medo.

– Administrem a ansiedade. Vamos compartilhar as descobertas da quinta súplica na reunião com a diretoria – recomendou Jarina.

– Temos de mostrar para eles a reviravolta que estamos fazendo no RC! – frisou Iolanda.

– E, a partir daqui, na companhia inteira! – complementou Matilde, cheia de esperança.

– É a Reviravolta AIA fazendo história! – vaticinou Tania, exaltada.

– O melhor que vocês fazem é se preparar. Em vez de continuar, agora, deixemos o compartilhamento para fazer ao vivo diante dos deuses. Estejam prontos e afiados. E sejam pontuais: às 7h45 no átrio, para subirmos juntos.

Jarina se recolheu em sua sala, satisfeita com as reações dos colaboradores, e começou a refletir sobre suas próprias concepções. Ajudava a reafirmá-las, para também estar pronta a enfrentar o novo desafio. Afinal, não tinha a menor ideia de como Kiran ia reagir à "invasão" em seu gabinete. Começou, então, a anotar tudo.

"Relacionamentos constituem um dos maiores desafios da empresa da Nova Economia. Cuidar dos relacionamentos é, sem dúvida, um movimento desafiador. Com um nível de dificuldade que assusta, mas pode ser um grande estímulo. E muito gratificante. Certos gestores preferem escapar desse tema controverso, refugiando-se em programas um pouco mais amenos, com algum tipo de regularidade. Querem navegar em águas tranquilas, onde possam fazer suas habituais estimativas numéricas, não tão complicadas como a análise das oscilações típicas dos comportamentos humanos.

Sim! Pode-se regulamentar, padronizar, normatizar e pavimentar os processos por intermédio dos quais se elabora o trabalho, resultando nos produtos e serviços de uma empresa. Esse exercício, útil e necessário, não é essencial e determinante. Os processos e arranjos organizacionais sempre serão realizados por pessoas e, portanto, têm a ver com a relação entre elas. Então, por mais que tentem, os gestores não conseguem se livrar do difícil desafio de administrar os relacionamentos nos negócios. Caso tenham a coragem de enfrentá-los, podem conseguir resultados em mares turbulentos e bravios. Isso inclui saber lidar com comunicação, conflitos, consenso, motivação e muito mais do que o sistema técnico jamais será capaz de prover.

Há quem pense a administração como uma ciência exata e gostaria que ela assim fosse. E que bastasse apertar um botão para que tudo se processasse com regularidade para que, ao final da operação, todos os custos fossem ressarcidos e resultasse um retorno sobre os investimentos, também conhecido como lucro. Tudo isso com total previsibilidade. Seria fácil, mas também pouco instigante e nada divertido. Aos gestores dos novos tempos estão reservados desafios bem mais complexos e estimulantes.

Desde que assumi o desafio de reconquistar o meu emprego, venho elevando a consciência nos meus relacionamentos, em especial com minha equipe. Todos os dias eu me pergunto: o que devo fazer, um pouco que seja, para elevar a minha consciência e a dos meus colaboradores no que se refere aos relacionamentos? O que mudaria no RC se passasse a agir com base nos valores e de maneira coerente? Se dissesse a verdade, sem omitir nada? Se falasse com o outro em vez de falar do outro? O que aconteceria se eu introduzisse a verdade no ambiente de trabalho? Fatos desagradáveis fazem parte da vida de todos os líderes, então como viver a verdade, mesmo assim?

Ambientes de trabalho nem sempre são amistosos, e os conflitos fazem parte do pacote de dificuldades. O que aconteceria se eu introduzisse a empatia mesmo assim? Se nunca fosse estimulada e praticada, teria chance de existir por geração espontânea?

Pequenos-grandes gestos diários geram bons resultados, e não se deve desperdiçar a oportunidade de servir como exemplo para realçar comportamentos desejáveis. De cumprir promessas e honrar compromissos. De praticar a coerência entre o discurso e a prática, dentro e fora do local de trabalho.

É preciso mostrar aos líderes do Olimpo que todos os gestores da companhia podem elevar a qualidade das relações internamente, entre e com seus colaboradores, para que elas fluam externamente, nos clientes.

É a nova fórmula do lucro em exercício diário. É o resultado na ordem do dia. Os líderes da Zênite têm de compreender e incorporar esse desafio. Devem reconhecer que é no topo que as estratégias são delineadas, mas é na base que o jogo acontece. A base tem mais poder do que se imagina. É preciso dar autonomia a ela.

Não medirei esforços para contribuir decisivamente para a concretização desse anseio."

38 A ILUSTRE DESCONHECIDA

Conhecer e conhecer-se. Era isso o que vinha acontecendo nos últimos dias, desde que Jarina revelara a sua equipe o desafio pessoal assumido com Kiran.

Jarina continuou com suas leituras preparatórias, pegando emprestado um dos livros de filosofia sua mãe, e se deparou com a frase "conhece-te a ti mesmo", muitas vezes atribuída ao grande pensador grego Sócrates. É, no entanto, de seu discípulo Platão, ao falar no pátio do Templo de Apolo em Delfos, na Grécia. De lá para cá, a epígrafe atravessou os tempos e continua tão verdadeira como atual.

Antes de tudo, trata-se de um apelo ao autoconhecimento. "Quantos se dedicam verdadeiramente a isso?", Jarina se indagava. "Conhecer-se é a maneira mais eficaz de aprender sobre a natureza humana. Pode-se estudar biologia, psicologia, antropologia, sociologia e filosofia, mas se quiser saber mesmo o que é a natureza humana, nada vai substituir o autoconhecimento."

Quantas vezes Jarina disse para si mesma "não consigo compreender fulano"? A verdadeira razão que impede a conexão com os outros é a ignorância a respeito de si mesmo. Então, a frase sensata seria: "Não consigo me compreender".

A empatia é importante para elevar a qualidade de nossos relacionamentos, mas como colocar-se no lugar do outro sem antes situar-se, sabendo quem e como se é? "É espantoso reconhecer que, mesmo estando comigo o tempo todo", pensava Jarina, "ainda sou para mim uma ilustre desconhecida."

Mergulhar na natureza humana depende de conhecer o conjunto de crenças, valores, percepções e emoções que a constitui. Embora seja possível aprender sobre o que significa cada uma dessas partes, a compreensão só se dará depois de inteirar-se dos próprios valores, crenças, percepções e emoções, ou seja, de tudo o que se cria, pensa e sente. Requer, ainda, que se dê nome aos valores, pensamentos, sentimentos e emoções.

Diante da máxima "conhece-te a ti mesmo", Jarina acrescentou: "quem conhece reconhece". Quem é capaz de ler-se está apto a ler também os outros, facilitando a conexão, a sintonia, a relação e o bem-estar na convivência.

É preciso deixar de apenas "existir" para "viver" de verdade, avançando da "biologia" para a "biografia". "Quanto mais humanos, mais compreendemos a natureza humana", Jarina pensava. Mal havia chegado a essa conclusão, ao continuar a leitura, ela se deparou com o ensinamento de Sócrates: "Uma vida não examinada não merece ser vivida".

Se uma empresa, ou mesmo um negócio, permitir que isso aconteça, então esse é o melhor trabalho do mundo!

39 A QUINTA SÚPLICA

Segunda-feira, 7h45. A ansiedade era tanta que todos já estavam no hall de entrada da empresa aguardando a chegada de Jarina para subirem juntos.

Sob aquele espaço imponente, de oito metros de altura, o grupo de componentes do RC parecia diminuto. Com passos acelerados, os saltos dos sapatos tilintando no piso de mármore, Jarina lembrou-se de quando atravessara pela primeira vez o mesmo saguão, para assumir a vaga de atendente. Naquela ocasião, ela só pensava em si; agora, concentrava-se na Zênite, nos clientes, na sua equipe. Ao mesmo tempo, queria mostrar a Kiran como ele estava equivocado ao demiti-la, semanas antes. Ao ser convidada por ele a participar da reunião com os deuses do Olimpo, ela sentia que a reviravolta também estava acontecendo em sua própria trajetória.

– Bom dia, equipe RC! – cumprimentou, genericamente, e, depois, um a um, ouvindo breves confissões.

– Meu coração está acelerado – disse Matilde, como se estivesse prestes a realizar um sonho.

– Como será lá em cima? – indagou Antônia.

– Fico imaginando a vista que se descortina de lá! – emendou Guilhermo, estendendo a sua curiosidade ao panorama.

Risos nervosos, olhares cúmplices, alegrias contidas, mas bem visíveis à flor da pele.

Depois dos procedimentos de praxe na recepção, todos se dirigiram ao recinto antes inacessível à maioria, um ambiente cheio de mistérios e que produzia fantasias no imaginário dos colaboradores da companhia.

Olhares curiosos examinavam tudo e cada detalhe da decoração, na antessala. Alguns logo perceberam o quadro com o provérbio árabe.

– Bom d... epa! Todo o RC veio para a reunião? – Ao abrir a porta de seu gabinete, Kiran não esperava por aquilo.

– Desculpe a surpresa! – sorriu Jarina, mostrando o seu contumaz atrevimento. – Acho que a reunião vai ser mais produtiva com a participação dos protagonistas.

– Bem-vindos! – disse Kiran, realmente embaraçado. – Os diretores já estão aqui. Vamos!

A sala ampla comportava confortavelmente os doze novos e inesperados participantes, mais os seis líderes, incluindo Kiran.

– Poxa! Pelo jeito vai ser um simpósio! – brincou o CFO, responsável pelas finanças da companhia.

Tanto ele como seus pares haviam sido informados da pauta extraordinária com a presença da gestora, mas ninguém esperava que ela trouxesse a turma toda.

– Nós somos da área de Relacionamento com o Cliente, também conhecida como RC – esclareceu Jarina. – Estamos aqui para apresentar a Reviravolta AIA.

– Reviravolta AIA? O que significa AIA? – quis saber o CMO, o diretor que respondia pelo marketing.

– Vamos descobrir juntos... – respondeu Kiran, na esperança de, finalmente, desvendar o enigma das três letras.

Mantendo o suspense, Jarina iniciou a apresentação do material que havia preparado.

– Como gestora, noto que existe dificuldade para elevar os resultados, no caso, o Índice de Conversão. Penso que não seja diferente para os demais colegas na mesma posição. E é angustiante, de certa forma, não corresponder às expectativas da companhia.

Enquanto falava, ela percebeu que todos a escutavam com atenção, noves fora sem contar com a evidente ansiedade do pessoal do RC.

– Uma das razões pelas quais não conseguimos reverter os resultados é que apostamos mais em nossas miragens do que nas imagens.

– Pode explicar melhor? – pediu o COO, o diretor operacional.

– Sim. Miragem é a nossa percepção da realidade, uma interpretação que fazemos dela. Imagens representam a realidade.

Decisões e ações tomadas com base nas miragens tendem a não dar certo.

– É óbvio que, se apostamos nas miragens, estamos aumentando o risco de equívoco, já que elas não são reais – acrescentou Kiran, já habituado às interpretações de Jarina e convencido de que aquilo fazia sentido.

– Essa é a razão das crises, inclusive da que estamos vivendo agora. Crise é quando a miragem está ainda mais distante da imagem. Portanto, sem chances de acertar o alvo ao tomar decisões. Pior: além de não gerar o efeito necessário, pode produzir exatamente o contrário.

Alguns diretores se agitavam nas poltronas, visivelmente incomodados, enquanto a equipe de Jarina observava tudo, dividida entre a curiosidade e a cumplicidade.

– Como vocês bem sabem, crise também representa oportunidade, o que é fato. Entre a imagem e a miragem, existe um espaço de aprendizagem, portanto um espaço oportuno. O desafio é nos aproximarmos cada vez mais da imagem, ajustando as nossas miragens.

– Para que as decisões acertem o alvo e as ações sejam positivas – acrescentou Kiran, em sintonia com a gestora.

– A pergunta-chave, portanto, é: o que nós ainda não estamos conseguindo enxergar? Pois se assim fosse, acertaríamos o alvo... – continuou Jarina, cada vez mais segura.

– ... e tomaríamos as melhores decisões... – complementou o CTO, responsável pela tecnologia.

– ... e conseguiríamos bons resultados... – deu um passo a mais o CFO.

– ... e reverteríamos o Índice de Conversão! – arrematou o CMO.

Satisfeita com a participação espontânea e até surpreendente, Jarina prosseguiu.

– Existem dois efeitos que nos ameaçam diariamente: o *efeito insânia*, ou seja, a tentativa de moldar a imagem à miragem, transferindo para a realidade os defeitos, desajustes e reduções das miragens.

– Ou seja, passar a acreditar que a miragem é a imagem – contribuiu o COO.

– Isso mesmo! E o outro é o *efeito ponto cego*, ou seja, a imagem está na nossa frente, mas a gente não vê.

– De fato, é difícil, senão impossível, resolver um problema quando não o enxergamos... – admitiu Kiran.

– Em resumo: nós agimos e reagimos não à imagem (a realidade), mas à nossa percepção dessa imagem, ou seja, as nossas miragens – Jarina prosseguiu, tranquila.

– Pode dar um exemplo? – pediu o COO.

– Sim. O mercado é um lugar de transações. Um negócio tem o objetivo de extrair o máximo do mercado para maximizar a equação *receitas – despesas*. Esse é um conjunto de miragens.

– Você quer dizer que essa afirmação não representa a realidade? – questionou o COO.

– Sim. E, por achar que representa, boa parte das empresas, incluindo a Zênite, produz a própria crise.

O ambiente ficou alvoroçado. O CMO, impaciente, levantou-se, olhando acintosamente para o relógio, como se estivesse perdendo tempo. O CFO, também ansioso, consultou o celular, indicando que tinha mais o que fazer.

Jarina, impávida, seguiu adiante, enquanto os inquietos se sentavam, aparentemente desconfortáveis.

– E por acreditar nas miragens que reforçamos todos os dias é que a maior parte do que fazemos na empresa não produz os resultados almejados.

– E pensar que todos estão tão assoberbados! – comentou Kiran, concordando, ao menos em parte, com a gestora.

– Se essa afirmação representa uma miragem, qual é a imagem? – quis saber o CTO.

– Mercados são negócios. Negócios são conversas. Conversas são pessoas. Pessoas são relacionamentos. Alguém discorda? – Jarina indagou, olhando fixamente para cada um dos diretores.

Silêncio no recinto. Ninguém discordou nem concordou. Preferiam refletir, enquanto Jarina apresentava outro slide.

– Se vocês estiverem de acordo, então o mercado não é um lugar de transações comerciais, mas um espaço de relação e ajuda. Em vez de extrair o máximo do mercado, um negócio tem de ter o propósito de contribuir – ela acrescentou, com firmeza.

– Isso está muito romântico! – declarou, com ironia, o CFO.

– E resultado não se resume a *receitas* ou *despesas*. Resultado é *cliente fidelizado + equipe comprometida* – ela seguiu em frente, sem se importar com o comentário.

Um misto de surpresa, dúvida, concordância relativa e discordância quase absoluta por parte dos deuses pairava no ambiente.

– O que vai salvar a Zênite é o CAPITAL RELACIONAL. – O próximo slide praticamente explodiu na tela, em letras garrafais.

– Uau! – Kiran, surpreso, pareceu gostar do termo.

– A palavra *capital* refere-se à cabeça, aquilo que é principal e essencial. Cabeça, *caput*, consciência. Uma nova consciência nos negócios a partir das relações. Daí Capital Relacional. Ele vai humanizar a Zênite. As pessoas querem se relacionar com empresas humanas, ou seja, empresas com alma – prosseguiu Jarina, animada com a empolgação espontânea de Kiran. Ela apresentou outro slide:

"O relacionamento humano é – e continuará a ser – a alma dos negócios."

– Você está na contramão da história. As empresas já começam a introduzir a inteligência artificial e os robôs para cuidar do atendimento – afirmou, peremptório, o CTO.

– Não duvido que a tecnologia estará cada vez mais presente. Por conta, inclusive, das inovações tecnológicas, tudo mais é transitório, menos as relações humanas, que desafiam a passagem do tempo, construídas graças à arte de conversar, à relação *tête-à-tête*. Nenhum robô substitui o atendente real, feito de carne, osso, alma e sentimentos.

Os colaboradores de Jarina estavam tão orgulhosos da atitude de sua líder, que Guilhermo subitamente se animou a fazer uma analogia ousada:

– É como a diferença entre sexo virtual e real.

Matilde cutucou as costas dele, para que se contivesse. Meio embaraçado, mas satisfeito com a própria reação, ele se sentou. E Jarina, contendo a muito custo a risada, reassumiu a palavra:

– Os negócios servem às pessoas, não as pessoas aos negócios. São as relações entre elas que tornam a vida no mundo dos negócios compensadora e significativa, desde sempre.

– Se entendi bem, precisamos melhorar as nossas miragens, aproximando-nos da realidade. A começar, compreendo, de uma maneira diferente, o que seja mercado, negócios, resultados. A fórmula do resultado aqui apresentada mostra que ele depende das relações – manifestou-se o CHRO, responsável pelos Recursos Humanos, que até então permanecera calado.

– ... e que costumam estar no piloto automático, quando todos estão voltados às transações comerciais, em que o cliente é tratado mais como objeto do que como sujeito – complementou Jarina.

– Como filhotes de passarinho caçando minhocas. Por instinto! – exemplificou o indomável Guilhermo, tentando, em vão, se sair melhor dessa vez.

– Então, o que você vai fazer? – indagou o CHRO.

– A Zênite precisa ir para o outro lado do balcão! – declarou Jarina.

– Pode dar um exemplo?

– Sim. A equipe de RC tem ido a campo, pessoal e remotamente, para conversar diretamente com os clientes. Tratamos de ouvi-los com atenção e sem julgamentos, dispostos a saber como realmente pensam. Acabamos de concluir a quinta semana da nova prática. Eles estão aqui para apresentar suas últimas descobertas. Quem começa?

Pedro se prontificou:

"Talvez você não saiba, mas eu tenho nome. E gosto de ser chamado pelo meu nome. É o básico. Mas nem com o básico você parece se importar. E olhe que você tem o meu nome nas mãos sempre que faz uso

do meu cartão de crédito para cobrar a conta. Ainda assim, prefere a impessoalidade, o afastamento, a ausência de envolvimento. A única coisa que sabe fazer, em retribuição e sem olhar nos meus olhos, é perguntar se eu quero uma cópia da via".

Cris foi a seguinte:

"Sempre que age com essa frieza, sinto que você está interessada apenas no meu dinheiro, nada mais. Você esquece que o dinheiro é apenas o meio e não o fim. A finalidade deveria ser a minha satisfação, o meu bem-estar, a minha gratidão, o meu envolvimento e – espero que valorize isso – o meu retorno. Afinal, eu – o cliente – sou quem deveria importar antes de tudo; o dinheiro vem depois, como decorrência natural".

– Quem disse isso? É um absurdo, porque fazemos de tudo pelo cliente – retrucou o CMO, com veemência.

– Escute. Os nossos clientes não parecem nada satisfeitos... – pediu Kiran, interessado em saber mais a respeito.

Fernandes se adiantou:

"Quando sinto que você troca os fins pelos meios, prefiro não me engajar com você e nem com a sua empresa. Desculpe a franqueza, mas não pensaria duas vezes em trocar de fornecedor, optando por uma empresa que me tratasse com mais atenção e interesse".

– Esses comentários vêm direto da fonte e representam a voz do cliente, *ipsis litteris*... – frisou Jarina, antes de Bia tomar a palavra:

"Claro que o nome é apenas a primeira camada de quem eu sou, mas, quando nem ao menos isso você conhece, imagino o desinteresse pelas outras características e qualificações que possuo".

Todos estavam orgulhosos de mostrar o fruto do seu trabalho e as descobertas capazes de mudar a história da Zênite. Ninguém se intimidou com as reações contrárias, como bem demonstrou a atitude de Glorinha ao revelar o depoimento que colheu:

"Vejo o seu olhar mais ocupado com a tela do computador do que comigo. Aliás, você nem me nota. Olhos nos olhos, nem pensar. Sinto ser um objeto menos valioso do que aquele da nossa transação. Não fosse assim, você estaria mais preocupada em me conhecer do que em conhecer o que vende. Parece que você se especializou na sua oferta, mas o que ela vale sem a minha demanda?".

Jarina olhava para os diretores, atenta ao que evidenciavam suas expressões e ações. Um deles acabava de desviar os olhos para a tela do tablet. Ela voltou, porém, a concentrar-se nos colaboradores. Era a vez de Rosilda:

"Saber o nome é apenas um indicador de atenção e interesse. Como já lhe disse, é o básico. Eu sou mais do que meu nome. Às vezes você parece demonstrar interesse por mim quando preenche aqueles dados cadastrais convencionais: sexo, idade, estado civil, endereço, telefone, faixa de renda, número dos documentos etc. Logo, noto que você faz isso em seu próprio interesse, para ajudá-la a anunciar suas promoções e vender ainda mais para esse seu desconhecido. Ou seja, o que sempre prevalece são os seus interesses, nunca os meus. Até porque sigo anônimo ao seu lado".

Um tanto nervosa, Matilde falou em seguida:

"Sim, tenho interesses, mas não me lembro se alguma vez conversamos sobre eles por iniciativa sua. Penso que – na melhor hipótese – você tem pressupostos fixos sobre quais sejam eles".

– Vocês escolheram clientes muito melindrosos e que só querem ser mimados! – ironizou o CFO.

Robson se apresentou depois, alheio à intervenção:

"Sinto que sou apenas mais um entre tantos outros. Tenho também sentimentos, sabia? Toda decisão de compra é uma escolha emocional, mesmo diante de um produto técnico que parece não envolver muita emoção. Até a compra de um tijolo é emocional, sabia?".

Chegou a vez de Iolanda:

"Você parece ser daquelas que acreditam que a parte mais importante do corpo humano é o bolso. Como você me vê apenas como um par de bolsos, é claro que não está nada preocupada com os meus sentimentos. Tem alguma ideia de como me sinto quando faço negócios com você? Talvez ache melhor assim, poupando-se das queixas e reclamações. Mas, quando eu não vejo espaço para apresentá-las, eu não me engajo. Fico na esperança de um dia encontrar alguém que tenha interesse por meus sentimentos e esteja disposto a me ouvir".

Pigarros na sala. Kiran notou o mal-estar evidente em alguns de seus pares. Precisavam desses jovens para aprender que a companhia deveria estar de frente para o cliente? Ao refletir, ele se surpreendeu com a própria compreensão do que vinha ouvindo de Jarina, enquanto Tania assumia a palavra:

"Além dos meus interesses e sentimentos, saiba que sou uma pessoa de valor. Tenho os meus valores, prezo-os muito, são eles que mais me caracterizam. Não abro mão do respeito, da honestidade, do compromisso e da confiança. Sei que você não sabe disso, mas como mudaria a qualidade da nossa relação caso os conhecesse!".

Antônia deu continuidade ao processo em curso:

"Como vê, sou muito mais do que o meu nome, mas, caso tenha interesse por mim, comece aprendendo o meu nome. E, daí, cave mais fundo. São muitas as camadas que me definem, e saiba que mais importante do que me conhecer é o interesse em me conhecer. Eu, assim

como você, tenho transições ao longo da vida: juventude, vida adulta, meia-idade e velhice. Faculdade, casamentos e descasamentos, filhos, novos empregos e projetos, aposentadoria etc. Essas transições afetam tanto os meus sentimentos como a minha escala de valores".

– Esse povo é muito exigente! – criticou o CTO.

Sem se abalar, Antônia continuou:

"Gosto quando me chama pelo nome e principalmente quando lembra de mim todas as vezes que retorno. Sei que lida com muitas pessoas, e, por isso mesmo, essa lembrança torna a nossa relação especial. Que alegria quando encontro você fora do ambiente de negócios e nos falamos como bons conhecidos. Fica claro que nossa relação é autêntica e que você se preocupa comigo por inteiro".

Guilhermo ofereceu, a seguir, um depoimento que demonstrava como o diálogo aberto e desarmado contribuía para resultados positivos:

"Sinto-me em casa quando, além de meu nome, você lembra dos meus interesses e das razões pelas quais eu faço negócios com a sua empresa. Mesmo tendo conhecimento, você não hesita em se atualizar, sondando as minhas necessidades.

O tempo todo parece que está centrado em mim, é isso que sinto. Seus interesses são os meus interesses. Isso traz engajamento para a nossa relação. Você sabe lidar bem com as questões financeiras, colocando-as em segundo plano.

Claro que sei da importância do dinheiro em nossas negociações, e tudo o que quero é que você e a sua empresa tenham vida longa, pois, assim como me ajudam, podem ajudar um tantão de outras pessoas".

– Parece que nem tudo se resume a reclamações. Agora está melhor. Boas dicas – reconheceu o CMO, sem, contudo, demonstrar que as emoções tinham um papel importante.

A coleta havia sido mais intensa, provavelmente devido à expectativa do encontro de Jarina com os diretores e à torcida da equipe para que Jarina se mantivesse no emprego. Pedro trouxe mais uma contribuição:

"Eu mesmo sou um grande vendedor de vocês, indico-os em todas as oportunidades. Gosto de saber que o seu negócio é lucrativo e que também existe uma recompensa financeira pelo que fazem. Torço por isso e não quero mais do que um preço justo por seus produtos e serviços, quando realmente adequados às minhas necessidades. Quanto mais você se interessa por mim, mais eu me interesso por você e sua empresa".

– Os clientes falam do que se ressentem, mas também dão boas dicas sobre o que os agrada – Kiran interveio, na tentativa de aproveitar o momento para reduzir o incômodo suscitado pelas críticas.

Iolanda, com mais a contribuir, retornou:

"Fico feliz quando você considera também os meus sentimentos. Nessa hora, sinto-me mais do que especial. Quer saber? Pareço exagerar, mas, quando isso acontece, acho terapêutico fazer negócios com você. Além de resolver os problemas cotidianos, você me faz sentir de alma lavada. Sinto leveza quando estou com você, fazendo negócio com a sua empresa".

Matilde, menos nervosa, arrematou, trazendo a última declaração:

"Agora, acho que sabe, mas é sempre bom frisar. Quando noto que você considera os meus valores e percebo que temos valores comuns, isso coloca a nossa relação em terreno sólido, calcado na confiança. E, para mim, a confiança é o pedaço de paraíso na Terra. Essa conexão não tem preço. Que bom que vocês existem!".

– Afinal, qual é a súplica? – perguntou Kiran aos diretores, replicando o exercício que fizera com Jarina.

– Parece que existe um festival de súplicas, se entendi bem o sentido dessa palavra... – apressou-se a afirmar o CFO, incomodado ao ver a companhia em xeque.

– Eles querem sair do anonimato, da indiferença... – arriscou o CMO, valorizando as informações.

– É fato que sentem necessidade de aproximação e conexão. Não querem ser meros objetos de transação – admitiu o COO, confirmando o que Jarina havia dito.

– Se pudesse traduzir em uma súplica, eu diria CONHEÇA-ME! – arriscou Kiran.

– Sim, essa é a súplica! – Jarina concordou.

– Essa amostra é muito pequena para concluirmos qualquer coisa... – criticou prontamente o CFO, invalidando o veredicto de Kiran.

– O importante é que estamos diante de um material de trabalho fértil! – discordou o CMO.

– Isso porque vocês não viram as súplicas anteriores! – informou Kiran, animado com o comentário.

– As súplicas identificam sentimentos, percepções, desejos e expectativas dos clientes... – Jarina tomou a palavra, muito confiante por ter chegado até ali, mas ainda com receio de ser interrompida antes do final. Para sua surpresa, no entanto, Pedro, um de seus colaboradores, interveio com uma contribuição relevante:

– É importante observar como os clientes se sentem especiais apenas por notar que nós nos interessamos por eles.

Ele, de fato, expressava o que todos haviam percebido ao longo da experiência, porque seus colegas confirmavam o comentário, com movimentos de aprovação.

– E por que AIA? – Kiran lembrou-se de insistir, já que até aquele momento não tinha sido informado do significado da sigla.

– É que a fórmula do desastre empresarial é DDD, ou seja, **D**esatenção, **D**esinteresse e **D**esamor pelo cliente. Então, Reviravolta AIA propõe livrar-se dos *des* e trazer para o dia a dia as iniciais de três novas e decisivas palavras: **A**tenção, **I**nteresse e **A**mor. É isso que a companhia precisa viver todos os dias!

– Ah! Muito boa a escolha da sigla! – comemorou Kiran, satisfeito.

Sim, aquela estava sendo a reunião mais intensa e instigante do ano, ele concluía em silêncio, admitindo confiar na gestora. No entanto, faltava muito para a conquista do propósito indicado. Ele sabia que nem todos os seus pares aceitariam a Reviravolta AIA. Não por acaso, um dos diretores, justamente o que se mantivera calado a maior parte do tempo, fez a pergunta fatídica:

– E como medir essas súplicas? Sem uma métrica, a liderança dos Estados Unidos não vai apoiar a ideia.

Balde de água fria justo no encerramento da reunião.

A ALMA NO NEGÓCIO

"CONHEÇA TODAS AS TEORIAS, DOMINE TODAS AS TÉCNICAS, MAS, AO TOCAR UMA ALMA HUMANA, SEJA APENAS OUTRA ALMA HUMANA."

CARL JUNG

40 AS VOZES HUMANAS

Depois que os diretores se retiraram apressados e a equipe de RC retornou ao seu local de trabalho, a pedido do CEO, Jarina permaneceu na sala, surpresa pela chance de uma segunda parte da conversa. Ele não demonstrava pressa nenhuma.

– Além da métrica aventada na reunião, tem algo mais que não fecha a conta... – observou Kiran.

– E o que é?

– A nova fórmula do lucro não é cliente fidelizado + colaborador comprometido?

– Sim.

– Você tem trabalhado somente em uma das variáveis dessa equação. Cadê o colaborador?

Jarina sorriu como se estivesse aguardando essa pergunta havia algum tempo.

– Testei a mesma abordagem com a minha equipe.

– E daí?

– Quer mesmo saber? Olhe só o que eu recolhi! – Ela mostrou as informações que acabava de localizar, no notebook.

"Quando você fala de equipe criativa, comprometida e competente, refere-se às pessoas que têm ideias, fazem sugestões e são proativas, não apenas esperam ordens, mas se adiantam a elas. Não sei se você percebe que há uma palavra mágica para isto: autonomia. Não posso ser um robô ou um 'pau-mandado'. Preciso ter autonomia sobre o meu trabalho."

"Quantas vezes também tentaram me convencer sobre a melhor forma de atingir o resultado do meu trabalho? Quantas vezes recebo apenas a tarefa, sem saber a quem ou para que serve? Quantas vezes as proposições que ofereço sequer são consideradas, pois as chefias já têm convicção dos melhores caminhos? Quantas vezes não sou consultado sobre algo que diz respeito diretamente à minha área de atuação?

Quantas vezes determinam prazos sem que eu possa dizer se são ou não factíveis?"

"Muitas vezes a decisão vem pronta, pacote fechado, e, mesmo sabendo que não é a melhor, nada posso fazer. É ruim ver o circo pegar fogo sem poder fazer nada. Mas essas são as regras do jogo: 'você está aqui para fazer, não para pensar'."

"Acontece que estou na linha de frente e consigo ver coisas imperceptíveis para quem está no comando. Então, não hesite em adotar meu ponto de vista e em abrir espaço para que possamos compartilhar as decisões."

"Sei que faço parte de uma equipe e reconheço a sua autoridade. Mas há uma parcela sobre a qual eu posso atuar com liberdade, sem precisar consultar e prestar contas o tempo todo."

"Reconheça que com maior autonomia eu tenho condições de contribuir mais para o resultado. Admita que posso e devo fazer proposições. Então, esteja aberto a elas, seja flexível para incorporar as que podem trazer boas soluções para o negócio, mesmo que para isso seja necessário rever acordos."

"Fico muito feliz quando percebo que contribuí, que informações e propostas que ofereci foram incorporadas ao trabalho. Gosto de ver que se faz bom uso delas, mesmo à custa de mudar algum processo já estabelecido."

"Quando recebo um elogio mas não sou levado em conta, desanimo. Perco a esperança na possibilidade de ser contributivo e criativo, pois a mensagem que fica para mim é 'faça apenas o estabelecido'."

"Gosto de desafios e de aprender com aquilo que eu faço. Mesmo as dificuldades podem ser oportunidades para isso, mas preciso de espaço

também para errar. Às vezes até conto com alguma autonomia, mas não suficiente para expandir minhas competências ou exercer a minha criatividade."

"Seria muito bom perceber que existe interesse em meu crescimento e que há, sim, condições para que ocorra."

"Sei que devo dar passos rumo a esse crescimento. Mas é muito bom sentir que a liderança está ao lado, oferecendo autonomia e apoio. Suplico-lhe: não me induza, deixe que eu viva a minha autonomia."

– A súplica é DÊ-ME AUTONOMIA, a mesma dos clientes! Esses sentimentos devem estar espalhados em larga escala na companhia – Kiran afirmou, com segurança, empolgado com a equivalência entre as duas variáveis da equação.

– É a voz de dentro misturando-se com a voz de fora. Quanto mais espaço elas tiverem, mais serão autênticas e representativas da realidade. Tão logo soube dessas súplicas, comecei a mudar a minha gestão da equipe.

– Huumm, entendi. Tem mais? – quis saber Kiran, cada vez mais curioso.

– Sim! Veja:

"Sinto-me alienado! À parte da realidade, sem conhecer e compreender o que se passa com o mercado, a empresa, os resultados, meu desempenho. Desse jeito não posso dar o meu melhor".

"Tenho autonomia sobre o meu trabalho, mas não posso caminhar sozinho, porque faço parte de um todo que procuro e quero compreender. Preciso de orientação. Por exemplo, algumas dicas sobre a direção a seguir e informações que possam ampliar meu campo de visão e me ajudem nas melhores decisões. Isso me guia e me eleva a um novo patamar, capaz de melhorar meu desempenho no trabalho."

"O fato é que não recebo informações fundamentais para que eu possa fazer um bom trabalho. Com isso, fico desorientado, sem saber direito quais são as prioridades. Tem dias que pareço uma biruta de aeroporto, virando ao sabor dos ventos. Vou levando, mas não quero ir levando. Quero contribuir de verdade! Para isso preciso de informação, conhecimento, apoio, orientação, ajuda."

"Se quiser, preciso correr atrás das informações de que necessito. Sei que tenho de fazer a minha parte e ter autonomia para realizar. Mas, pergunto: tem de ser assim? Será que o meu trabalho não tem importância?"

"Muitas vezes as informações chegam, mas fragmentadas. O quebra-cabeças fica por minha conta, se quiser enxergar o todo. Preciso ter uma visão panorâmica do nosso negócio, para que o meu trabalho ganhe em importância e significado. Caso contrário, terei de me concentrar apenas em minhas tarefas e afazeres diários, uma rotina sem sentido e que fatalmente vai afetar a minha motivação."

"É muito bom quando as informações, conhecimentos e orientações chegam até mim sem que eu precise ficar correndo atrás. Sinto-me nutrido do que preciso para fazer um bom trabalho. E eu quero fazer um bom trabalho."

"Também me levam a compartilhar o que sei, informações e conhecimentos, e a buscar aprendizado."

"Quando me oferecem indicações, posso caminhar a partir daí e ir além, abrindo horizontes sem precisar que você me empurre. Faça boas perguntas, desafie-me a pensar e a descobrir coisas novas. E me deixe seguir, sem necessidade de vigilância."

"Gosto quando, juntos, ampliamos as nossas competências. Eu me sinto poderoso e ainda mais capaz de contribuir. Aprender é muito bom! É o que me motiva a cada jornada para retornar no dia seguinte mais

confiante em mim mesmo. É isso que me permite oferecer meu melhor, não elogios e afagos. Quando sou tratado assim, tenho a sensação de ser único. É o apoio que peço e mais valorizo.

Então, oriente-me!"

– ORIENTE-ME! Caramba! É a mesma súplica dos clientes!

Jarina se entusiasmou diante da empolgação de Kiran.

– E da mesma forma, como gestora, agi diante dessas informações.

– Quero saber mais.

– A curiosidade é o efeito mais positivo do Capital Relacional. Divirta-se com as próximas declarações!

41 PARA ALÉM DAS MIRAGENS

Empolgado com a descoberta da equivalência entre as súplicas dos clientes e as dos colaboradores, Kiran ficou ainda mais curioso. Continuou a leitura:

"Preciso de sua ajuda e apoio para resolver problemas que não são da minha alçada, mas parece que isso não é prioritário quando tenho de esperar muito para ser atendido".

"Ao que parece, o meu problema não é importante ou não é tão importante quanto aos dos demais, porque tem dias em que minha lista de pendências só aumenta."

"As paredes foram retiradas do nosso ambiente de trabalho, mas apenas as físicas. As psicológicas continuam, pois não sinto disponibilidade da sua parte. Por que tanta distância? Aproxime-se e deixe que eu me aproxime."

"Preciso me encaixar na sua agenda e não são poucas as vezes que preciso cancelar compromissos para atendê-lo. Quando é do seu interesse, você convoca reuniões fora de hora. A disponibilidade tem que ser a minha, não a sua."

"Muitas decisões chegam prontas, sem que eu tenha participado delas, mesmo quando afetam diretamente o meu trabalho. Nessas condições, o meu grau de engajamento é muito baixo. Algumas vezes você pede a minha opinião, mas não faz nada com ela e nem dá nenhum tipo de retorno sobre as razões pelas quais ela não foi acatada."

"Tenho sugestões a fazer. Às vezes, queixas também. Gosto quando, tanto em um caso como no outro, existe receptividade de sua parte. É bom quando me consulta. Sinto que quer saber como vejo determinada situação. Observo que se interessa em questionar a minha satisfação, mesmo depois que entrego a tarefa solicitada."

"São detalhes, sabe? Tanto podem nos ajudar a ir além, em uma relação que flui, como podem se acumular, transformando-se em pedras no caminho, em espinhos que em algum momento vão incomodar. Afinal, não estamos trabalhando juntos, em busca de objetivos comuns aqui na empresa? Por que não partilhar o caminho?"

"Existem oportunidades de diálogo e troca no dia a dia. Tenho coisas a dizer, e você também. Nossa relação não precisa se concentrar apenas nos aspectos técnicos do trabalho ou no detalhamento dos pedidos e das entregas. Claro que isso é importante, mas precisamos de tempo para conversar a respeito de como estamos nos saindo como equipe e, de como eu, particularmente, estou me saindo com o meu trabalho."

"Quero me sentir parte da equipe e não um penduricalho. Quero saber que eu tenho valor, assim como as minhas opiniões, sugestões, ideias."

"Sei que nem tudo pode ser acatado, existem outras informações que desconheço, mas o que me mantém motivado é ser considerado. Gosto quando você incorpora as minhas ideias às decisões ou quando dá um retorno mesmo que elas não tenham sido acatadas. O que importa e me anima é a sua disponibilidade de ouvir e de retornar, ser considerado."

"Gosto daquela atenção especial que faz com que eu também me sinta especial. Tenho como contribuir e de muitas maneiras, mas esteja disponível, senão o que eu poderia fazer com as minhas contribuições?"

"As coisas poderiam ser tão melhores! Tenho muito o que dizer e acho que você também. Por isso, suplico: esteja disponível!"

– Bingo! ESTEJA DISPONÍVEL! Os gestores da companhia precisam saber disso! – Kiran começava a compreender melhor o significado de Capital Relacional.

– Existe um medo profundo das vozes verdadeiras. Algumas empresas não querem ouvi-las. Para aumentar a distância, elevam um muro feito de uma linguagem cheia de jargões frios e enigmáticos.

"Algumas empresas? Jarina está falando da Zênite!", Kiran refletiu, sem fazer nenhum comentário.

– Certas campanhas de marketing foram feitas para se sobrepor às vozes do mercado, tanto internas como externas, na tentativa de convencer as pessoas a acreditarem em algo que espontaneamente sequer aventariam, porque não faz sentido – afirmou Jarina.

– Enquanto mantemos distância, as vozes humanas conversam, com muita facilidade. Não é à toa que os clientes conseguem obter mais informações de que necessitam nas redes sociais, espaço em que também fazem suas queixas, em vez de reportar-se ao Serviço de Atendimento ao Cliente, o SAC – concluiu Kiran.

– Por isso, não adianta torcer o nariz, rejeitando ou desdenhando as informações dos clientes. Elas representam a imagem, para além da miragem – complementou Jarina, para em seguida oferecer a ele mais descobertas feitas em suas conversas com os colaboradores.

42 VOZES COERENTES

Kiran descobriu que, com a leitura das súplicas, conseguia desvendar seus pontos cegos. Apreciou muito o exercício. Queria saber mais.

"São tantas cancelas que não consigo fazer o meu trabalho fluir. Autorização daqui, autorização de lá e eis que, quando vejo, o dia está quase chegando ao fim e não consegui cumprir a minha agenda. Aliás, nem sei se é mesmo a minha agenda, considerando o quanto é interrompida para atender as demandas de outras agendas. Sem contar as inúmeras reuniões das quais tenho de participar."

"Tem dias que gasto mais tempo esperando alguma resposta ou orientação para prosseguir no que tenho de fazer do que trabalhando efetivamente."

"Eu só quero fazer o meu trabalho em paz! Recebo mensagens pelo WhatsApp a cada minuto e o meu dia parece mais com um jogo de pingue-pongue em que fico rebatendo a bola, ou seja, dando ou buscando respostas para as demandas. Precisa ser assim?"

"Às vezes parece que vocês, aí em cima, não se entendem. São tantas instruções enviesadas que nunca sei – não apenas eu, falo por toda a equipe – quais são as prioridades. Aliás, para ser sincero, não sei mesmo quais são as minhas prioridades nem as da empresa. E quer saber? Duvido que alguém saiba."

"As prioridades mudam o tempo todo, tem sempre algo novo ocupando o lugar do pedido anterior ainda inacabado. Quem consegue, desse jeito, ter uma agenda alinhada e produtiva?"

"Não é o meu caso, mas tem colegas que ficam fazendo cera, deram-se por vencidos e, atordoados, preferem ficar nas redes sociais. É lamentável que seja assim, mas foi o mecanismo de defesa que encontraram."

"Isso quando não chega uma ordem da diretoria, daí todos esquecem seus projetos e prioridades para atender às novas demandas. Acabamos sendo transformados em meros executores sonâmbulos em transe, que mal sabem o que e para quem fazem o que fazem."

"O excesso não ajuda. Detalhes numerosos me confundem, ao invés de esclarecer. Informações claras e objetivas facilitam a minha tomada de decisão, o que repercute positivamente no resultado final, evitando o retrabalho e permitindo maior acerto quanto ao que vai para as mãos do cliente."

"Tanto o cliente como eu lhe pedimos que, por favor, não nos confunda! A simplicidade nos processos e na comunicação evita que eu perca tempo. Às vezes a obrigação de especificar inúmeros procedimentos a cumprir para realizar uma tarefa absorve muito tempo – e sem nenhum resultado, o que é pior!"

"O trabalho em equipe pode ser uma fonte maravilhosa de criação. Mas muitas vezes nos confundimos ao mergulhar em discussões complicadas, sem finalidades bem claras. Podemos (e devemos) ser simples e objetivos em nossas relações e processos, e assim ganhar em resultado e agilidade. Não me envolva em reuniões que nada têm a ver com meu trabalho, para as quais não posso contribuir. Valorize meu tempo!"

"Aliás, penso que o equilíbrio entre os aspectos humanos e técnicos do relacionamento faz fluir a nossa comunicação e todo o nosso trabalho. Assim como preciso de informações na medida certa, desejo também que sejam tratados aspectos referentes ao nosso relacionamento. Preciso de retorno sobre o meu comportamento e gosto quando tratamos as relações na empresa com transparência."

"A questão é: falemos com clareza sobre nós e o trabalho. Vamos direto ao ponto, sem rodeios. De um jeito simples, objetivo e humano. Sem dureza, nem mimimi."

"É bom ver o trabalho fluir e chegar ao final do dia com a agenda cumprida. É gratificante constatar que os esforços renderam e foram compensadores. E isso acontece quando um facilita a vida do outro. Um sentimento de satisfação revela que o dia valeu a pena. Isso acontece quando todos estão dispostos a facilitar a vida uns dos outros, a começar pelos líderes. Sabedores de que as coisas precisam andar, os problemas têm de ser resolvidos, bem como os objetivos, alcançados e as metas, atingidas, esses líderes oferecem apoio e fazem de tudo para deixar a gente em paz para fazer o nosso trabalho."

"Informação e recursos disponíveis é o que preciso para fazer o meu trabalho. Quando você me oferece ambos, o resto deixa comigo. Se tiver as duas condições, eu sei o que precisa ser feito."

"Tudo o que peço é: facilite a minha vida, assim posso dar o meu melhor para a empresa, os clientes e os resultados."

– Essa calou fundo. Tenho muito a corrigir também como líder. FACILITE A MINHA VIDA! Eis a súplica que preciso resolver também junto aos meus – assumiu claramente Kiran.

Jarina se sentiu gratificada com a demonstração de humildade de seu líder. As súplicas pareciam contribuir decisivamente para a humanização do CEO da Zênite. Assim, a gestora do RC passou e ele as últimas súplicas dos colaboradores descobertas até então:

"Consideração? Sim, pelas minhas competências, pelo meu desempenho. Apenas. Mas o que você sabe sobre mim? Quando nos falamos não é bem uma conversa. É sempre um follow-up. *Você não conversa, você despacha! O tempo todo. Repito... O que você sabe sobre mim?".*

"Quando muito, você tem o prontuário em que constam os meus dados pessoais: sexo, data de nascimento, naturalidade, estado civil, nome dos dependentes, números dos documentos etc. etc. É possível que tenha

lido o meu currículo, quando enviei no processo de seleção. Mas só isso, nada mais. No currículo havia um pequeno pedaço de mim. O 'eu-profissional'. Onde trabalhei, o que fiz, cargos e funções que exerci, experiências, escolaridade, cursos extracurriculares e outros aprendizados. Todas essas coisas se referem só a uma parte de mim. Se você me escolheu com base no meu currículo, saiba que são apenas palavras organizadas em um formato padrão que todos teimam em usar. Não revelam quem sou, na totalidade."

"Penso que saiba pouco dos meus interesses; quando muito, apenas os profissionais. Na verdade, noto que as suas intenções e atenções estão nos seus interesses e no que eu posso fazer para que sejam atendidos. Ou seja, a mensagem subliminar que leio todos os dias é que eu estou aqui para você e a sua empresa, e não o inverso."

"Tenho obrigação de conhecer as metas da empresa e de alcançá-las todos os dias, semanas e meses, continuamente. As minhas metas? Ah! Deixa para lá!"

"Sim, temos conversas quase todos os dias, mas sempre relacionadas aos problemas que precisamos resolver. Nunca sobre como estamos funcionando como equipe ou como eu me sinto fazendo parte do quadro de funcionários da empresa. Aliás, sequer tenho liberdade para falar sobre os meus sentimentos. Penso que isso aborreceria você, e a empresa quer resultados – um problema racional –, não tratar de sentimentos – um tema emocional. Metas, resultados, lucros e prejuízos são questões concretas, tangíveis, visíveis. Sentimentos são de outra esfera, fatores mais de perturbação do que de contribuição. É o que pensam."

"Sim, tenho valores que me representam, dos quais não abro mão, ao menos em minha vida pessoal. Na vida profissional, no entanto, não vejo espaço para eles. O que conta são os valores da empresa – aqueles afixados na recepção do prédio –, nem sempre compartilhados, nem sempre conhecidos por todos. Às vezes me sinto em outro mundo, dife-

rente daquele em que vivo quando não estou no trabalho, e isso traz um certo desalinhamento à minha existência. Essa ambiguidade de vida me faz perder as forças e a motivação, embora precise continuar vindo, mesmo que para mim isso não faça nenhum sentido. Só que preciso do trabalho para sobreviver.

Com isso, sigo anônimo, ou seja, um estranho na multidão num trabalho sem significado. E essa é a minha dor. Mas quem se interessa?"

"Gosto quando você me considera por completo. Sim, existe um cargo e uma função, mas vejo que é um detalhe profissional, às vezes por exigência das leis trabalhistas. Gosto quando você não se relaciona apenas com o meu cargo ou função, mas vai além, relacionando-se comigo, ser humano, de corpo, mente e alma."

"Gosto quando me vê por inteiro, alguém igual a você, livre da hierarquia ou dos arranjos organizacionais. Você sabe dos meus dados biológicos, pois eles constam do meu prontuário, mas se interessa mesmo por minha biografia. Quer saber de onde vim e para onde vou. Seu interesse faz com que você me conheça, mas faz também com que eu mesmo me conheça melhor. A sensação é que nossas existências importam, bem como o fato de estarmos juntos nesse entrelace de vidas para construir algo que seja contributivo para os outros."

"É gratificante essa empreitada de entregas, em que eu entro com as minhas competências e os demais colegas entram com as deles. Assim nos complementamos, e é isso que dá sentido de equipe e de força no conjunto maior do que cada um de nós teria individualmente."

"A força de equipe é algo que ajuda muito a conquistar resultados para a nossa empresa. Mas existe também o espírito de equipe. E é aí que somos mais! Entrelaçamos não apenas competências, mas também sentimentos. Estamos atentos uns aos outros sobre o que pensamos e sentimos. Por isso, sabemos ouvir, ponderar, discutir, decidir. Conflitos? É claro que existem, são eles que temperam as nossas relações, *revelam as nossas diferenças, acentuam nossos defeitos. E daí? Somos humanos e, apesar das divergências, sabemos respeitar uns aos outros."*

"Divergimos nas ideias, mas somos alinhados nos valores. Eles estão tatuados na alma da nossa equipe e deles não abrimos mão. Recorremos a eles sempre que os conflitos se acentuam e daí retornamos a quem somos, ainda mais fortalecidos."

Kiran reconheceu novamente e sem a menor dificuldade. CONHEÇA-ME! A súplica dos colaboradores era igual à dos clientes. Calculou que, se a Zênite quisesse introduzir uma cultura de relacionamento, deveria começar simultaneamente por dentro e por fora.

– A gente vem trabalhar todo dia, mas mal se conhece – afirmou Jarina.

– Eu nem sei o nome das pessoas que vejo no elevador... – reconheceu, de imediato, Kiran.

– E ainda dizem que essa empresa é uma grande família, mas não conheço as pessoas que me rodeiam aqui. Muito pouco sabia até mesmo sobre os integrantes de minha equipe, com quem convivo diariamente. E vocês, diretores, se conhecem?

Kiran preferiu o silêncio.

– Gostamos uns dos outros, mas só falávamos sobre trabalho. Agora, depois das súplicas, estamos todos nos relacionando de verdade no RC – contou Jarina, com uma expressão agradecida pela chance da virada ao menos em sua área.

Kiran continuou calado, mas sem o menor sinal de acabar com o encontro. Não olhou sequer discretamente para o relógio.

– Tenho descoberto que longe do trabalho as pessoas são melhores. Quando podem ir além dos seus cargos e funções, são talentosas e criativas. Mas, se as relações dentro da empresa forem transparentes e verdadeiras, os colaboradores revelam todo o seu potencial. Como as pessoas são de verdade em outros setores da Zênite, inclusive na cúpula?

Kiran continuava atento.

– A questão não é tanto conhecer ou não conhecer. Talvez passemos uma vida sem conhecer por completo até a pessoa com quem casamos, por livre escolha. A questão está no interesse pelo outro, tratando-o como sujeito, não como objeto.

Kiran apenas observava, sem dar a menor pista do que se passava em sua mente.

Jarina entendeu que ele precisava de uma pausa para digerir tudo o que acabara de vivenciar. Ela já sabia que o momento era de uma vida inovadora no mundo dos negócios. "As empresas da Nova Economia precisarão descer de seus castelos medievais para conversar, abertamente, com as pessoas que fazem parte do seu negócio. As duas conversas – com clientes e colaboradores – devem ser coerentes. Será preciso confiar nas pessoas e no que as suas vozes expressam. Até o mercado em que a companhia atua precisa se transformar, e em uma comunidade. Forjá-la implica desenvolver uma cultura de relacionamento." Entregue a suas reflexões, a jovem gestora até se sobressaltou quando voltou a ouvir a voz de Kiran:

– Peço que retorne na próxima semana. Vamos manter nossas reuniões.

Ao ouvir o convite, ela se despediu com um sorriso, mas antes de sair da sala teve outra surpresa:

– E, se quiser, pode trazer a equipe.

43 UMA NOVA ALCUNHA, SEXTA SEMANA

A equipe de Jarina a esperava com certa ansiedade por notar que demorava para descer do Olimpo, onde todos foram entronizados sem aviso prévio aos anfitriões. Muito bem recebidos, sentiram-se honrados – mais pela atitude da chefe do que propriamente pela recepção. Não precisariam de um relato, como de costume, sobre o encontro geral. Mas estavam bem curiosos para saber o que acontecera em seguida. Assim que ela chegou, reuniu todos na roda habitual e logo ouviu impressões, sem que tivesse de pedir.

– Os deuses nem eram tão deuses assim... – brincou Guilhermo, que manteve o senso de humor, sem dar a menor importância ao estranhamento sobre suas analogias.

– O problema são as nossas fantasias... – comentou Pedro, admitindo que tinha criado muitas em relação ao andar de cima.

– E o julgômetro, essa nossa mania de avaliar e criticar apressadamente, sem procurar informações.

– Por isso existe o Capital Relacional! – ajustou Guilhermo, sempre brincalhão, amenizando a crítica.

– Mas nem todos aceitaram bem as informações... – lembrou Robson, mais inclinado a ver os fatos como são.

– Isso era esperado. Nem todos devem reagir do mesmo jeito diante das informações que desconhecem. Faz parte do processo. Alguns vão tentar negá-las ou rejeitá-las, tamanho o desconforto que causam. Podemos esperar por invalidações, como a que já apareceu há pouco: "Eles são muito mimados", "A amostra não é representativa", "Os clientes responderam sem pensar", "Alguns vão mitigar" – ressaltou Jarina, sem rodeios.

Jarina sabia que precisava colocar as coisas na perspectiva certa:

– Outros serão, ou se mostrarão, indiferentes, como se não precisassem de informações incômodas para viver. Provavelmente vão abrir um escaninho para guardá-las fora de suas vistas. Alguns vão preferir manter as mesmas miragens em mente, acostumados com as crises de sempre.

– Mas notei que muitos deles ficaram curiosos... – observou Tânia.

– Sim, e era exatamente essa a reação que imaginei que teríamos dos diretores. Ficaram com a pulga atrás da orelha, inclinados a saber ainda mais, mesmo que a princípio se indignassem diante do inesperado, de uma revelação desconcertante. Despertar a curiosidade é importante. Essa é uma energia positiva gerada pelo Capital Relacional e que pode ser canalizada para a geração de resultados – sintetizou a gestora.

– Quando as súplicas forem conhecidas por toda a companhia, vamos ter reações bem semelhantes... – ponderou Rosilda.

– Acontece sempre que fazemos contato com o ponto cego e descobrimos algo que desconhecíamos. Ou quando nossas miragens estão distantes das imagens reais. São reações típicas em um processo de construção do Capital Relacional.

– Sugiro mudarmos o nome do nosso departamento de RC para CR... – propôs Pedro.

– Uau! De Relacionamento com o Cliente para Capital Relacional! De RC para CR! – alguém resumiu, sob aclamação geral.

A mudança era justificável aos olhos de todos, que se sentiam gratificados e reconhecidos. Graças à sua líder, eles vivenciavam uma reviravolta no próprio RC. Ela sabia o que estava fazendo e acolheu a proposta:

– Está bem! Na próxima semana vamos subir aos céus com a nova alcunha: Capital Relacional.

– Voltaremos ao Olimpo? – quis saber Bia, não cabendo em si de entusiasmo.

– Sim, e vamos levar nossas descobertas da sexta semana. Organizem-se da melhor maneira. Estão aqui as questões.

Sem demora, a equipe resolveu como seriam os novos pares e começou a planejar o trabalho.

44 AS CAMADAS DA CEBOLA

Muacy aguardava Jarina no carro, ávido por saber como havia sido o encontro histórico no monte Olimpo. Queria também partilhar com ela as últimas novidades da Magalhães. Ao avistar o sorriso, ao longe, Muacy sabia que viriam boas notícias. E ouviu todas com entusiasmo.

– Capital Relacional! Que boa ideia! As coisas estão indo bem para você. Desse jeito, emprego garantido! - ele comemorou.

– Duas questões ainda não estão resolvidas. A primeira é que até agora não conseguimos reverter o Índice de Conversão, embora ele tenha deixado de continuar em queda. O meu acordo com o Kiran depende dele.

– E a outra questão?

– Os diretores, assim como a cúpula, nos Estados Unidos, não vão aderir ao Capital Relacional se não houver um jeito de medi-lo. Isso faz parte da cultura da companhia.

Enquanto pensava a respeito, Muacy propôs continuarem a conversa jantando fora, porque também queria conversar sobre a Magalhães.

– Prefiro ir para casa, estou preocupada com mamãe. Tenho notado que a doença está se acentuando e fico preocupada de deixá-la muito só.

Muacy também havia reparado, mas preferira não comentar com Jarina para não a alarmar ainda mais, principalmente agora, diante do desafio profissional que ela vivia. Então, sugeriu:

– Vamos levar uma pizza.

No trajeto, depois de passar na pizzaria, começou a contar o que estava acontecendo na empresa de sua família.

– Sabe o que tenho notado? As imagens que cada um leva para o trabalho influenciam muito os relacionamentos e a qualidade das decisões.

– Antes fossem boas imagens, condizentes com a realidade. Sugiro que você mude a frase para "as miragens que cada um leva para o trabalho…".

– E, pelo que posso perceber, são mais emocionais do que racionais. Hoje presenciei um conflito entre dois diretores da Magalhães e justo com relação a miragens. Na verdade, ambos estavam errados, partindo de interpretações da realidade equivocadas.

– Se não existir algo que elucide, vai ser um festival de miragens. E o pior que pode acontecer é construir um cenário com base nelas e, a partir disso, definir estratégias.

– Era o que estava acontecendo.

– Daí o *efeito-simbiose*: a leitura de mercado é feita mais sobre as projeções de miragens já cristalizadas do que sobre imagens fidedignas. Se as miragens não se renovam nem se qualificam, as estratégias também serão sempre equivocadas, alimentando ainda mais as miragens. Um círculo vicioso de miragens.

– De fato, percebi que as súplicas trazem informações da realidade. Elas podem romper esse *efeito-simbiose*, como aconteceu no caso do conflito entre os dois diretores da Magalhães.

– A verdade, vinda diretamente da fonte, ou seja, clientes e colaboradores, reconstrói as nossas miragens, muitas vezes deformadas por ignorância ou por inconsciência. O mais importante: é difícil ficar sentado, imóvel, diante da verdade. Esse é o efeito do Capital Relacional: um olhar voltado à realidade.

– É como se o processo trocasse as lentes de nossos óculos, movendo-nos do ciclo vicioso das miragens para o ciclo virtuoso das imagens.

– É isso mesmo, querido, boa síntese. Se levarmos imagens virtuosas para o trabalho, tudo vai se organizar naturalmente: as relações, os negócios, os resultados. É quando o *efeito-simbiose* dá lugar ao *efeito-sincronicidade*.

– *Efeito-sincronicidade*? O que é isso?

– Pergunte à dona Áurea. Acabamos de chegar. E o cheirinho da pizza está tentador. Vamos comer antes que esfrie!

Dona Áurea se balançava em sua cadeira predileta. Alegrou-se com a chegada dos dois. Sabia que a filha vivera um dia importante. Gostou que trouxeram pizza, porque não tivera forças para terminar o preparo do jantar. Pretendia disfarçar, dizendo a Jarina que a filha fazia bem melhor aquele prato para o qual ela só havia separado e cortado os ingredientes.

– Adivinhem quais recordações me vieram antes de vocês chegarem? Justamente de quando Janos chegava em casa, de surpresa, com uma pizza. Era sempre no final do mês, quando recebia o seu ordenado. Hummm! Que cheirinho bom! Só falta ser de marguerita, nossa preferida!

– Acertou! – disse Jarina.

– Sincronicidade! – arriscou Muacy, testando o seu entendimento.

Jarina contou mais detalhes do que acontecera de manhã, enquanto a mãe lentamente arrumava a mesa, feliz com os progressos da filha.

– O Capital Relacional, por meio das súplicas, avança tanto na Zênite como na Magalhães. Sabe por que as súplicas funcionam? – ela perguntou, enquanto servia, regado de azeite, o primeiro pedaço da marguerita à mãe. – Mamãe, fale sobre as quatro camadas da cebola.

– Aprendi com meus pais no armazém de secos e molhados. Eles amavam o comércio e os clientes. Não faziam distinção entre comércio e relacionamento. Quando papai queria transferir a seus colaboradores o sentimento que inspirava seu trabalho, tomava uma cebola como exemplo e, enquanto a descascava, explicava para cada um deles algo mais ou menos assim:

"Quando você se aproximar de um cliente, aja como se o encontrasse pela primeira vez. Acredite, você não o conhece realmente mesmo que o veja todas as semanas. E é hora de vê--lo como um parceiro de verdade, não como um mero comprador, um freguês que troca mercadoria por dinheiro, ou ainda um paciente esperando a vez de ser atendido.

É claro que ele sabe muito mais sobre ele mesmo do que cada de um de nós. Ele sabe o que lhe causa estranheza, nós não. Ele conhece seus desejos, seus sonhos e medos, nós não conhecemos. Existe um mundo de oportunidades diante dessas descobertas, caso a gente resolva se interessar."

– Para os meus avós, Muacy, as intenções contavam muito. Qual é a intenção ao aproximar-se de um cliente? De olho nas metas e no fluxo de caixa da empresa ou nas necessidades e problemas dele? Boas intenções nos levam a querer compreender o cliente, descobrir o que ele quer, o que vai deixá-lo feliz.

– E a cebola? – Atento, Muacy estava curioso com o desenrolar da história.

– Calma! Dona Áurea ainda não chegou nas quatro camadas!

– Papai ensinava a seus colaboradores sobre a importância de fazer perguntas. Deixar de lado a necessidade de exibir-se e de dominar a conversa e procurar saber o que as pessoas pensam. Perguntar demonstra interesse. E o interesse deve chegar até o âmago da cebola. Ele falava de cada camada, fazendo a analogia com as relações comerciais:

"A primeira trata da demanda, dos fatos e dos dados: o cliente tem um problema a resolver, uma solução a encontrar, um resultado a atingir, um benefício, uma satisfação. É a parte da transação mercantil."

– Esse é o básico, a razão da compra e da venda – comentou Muacy, demonstrando compreensão.

– A segunda camada da cebola explora os interesses, de acordo com as palavras de papai:

"A partir da curiosidade e do interesse pelo cliente, é possível ir além do objeto de transação. A compra de ingredientes para uma feijoada vai além da feijoada em si. Por exemplo: promover um encontro familiar de comensalidade. O interesse está em criar esse momento memorável em família."

– Somos mais emocionais do que lógicos em nossas compras e interações com os outros, daí as outras duas camadas da cebola. – Jarina incentivou a mãe a completar o relato.

– A terceira cuida dos sentimentos, ele dizia:

"Os sentimentos determinam as necessidades emocionais. Nessa camada da cebola, o cliente dá lugar ao ser humano. Alguém com desejos de aceitação e compreensão e com medo da rejeição e inadequação. Que possui ambição e sentimentos de vaidade ou vontade de acertar e simplicidade. Alguém capaz de sentir amor e ódio, serenidade e raiva. E com anseios de causar boa impressão para os outros ou não causar má impressão; de desenvolver bons relacionamentos; de sentir-se seguro, bem consigo mesmo e gratificado emocionalmente; de expressar emoções."

– O que aprendi com mamãe é que um relacionamento, qualquer que seja sua natureza ou finalidade, envolve sentimentos. Evitar a terceira camada da cebola é restringir-se à transação mercantil. Mas essa não fideliza. É preciso mergulhar na quarta e última – Jarina se dirigia a Muacy, dando a deixa para dona Áurea concluir o relato.

– A mais decisiva das camadas da cebola é aquela que trata dos valores. Papai dizia: "Onde se encontram as motivações mais profundas, muitas vezes ocultas", e que impulsionam as decisões: ser valorizado, ouvido e compreendido; ser reconhecido e aceito pelo que é; ser saudável; ser íntegro; desfrutar da paz de espírito.

– É nos valores que encontramos a bússola moral e espiritual da pessoa e que nos indica o caminho para a autêntica relação humana – acrescentou Jarina.

– Agora entendi que existe muito mais por trás das súplicas... – concluiu Muacy.

– E a minha parte nessa história foi descobrir que o que vale para o cliente vale para o colaborador. Afinal, ambos são humanos – esclareceu Jarina.

– Papai sabia que não eram as mercadorias do seu armazém que fidelizavam os clientes. A fidelização dependia da terceira e da quarta camadas da cebola.

– Cada vez mais as pessoas, sejam elas clientes, colaboradores, fornecedores, investidores, desejarão se relacionar com empresas conscienciosas – finalizou Jarina, acrescentando fios de azeite sobre a pizza que apresentava, com cheiro e sabor, as cores da Itália.

45 A SEXTA SÚPLICA

Naquela manhã primaveril de segunda-feira, disposta a apresentar as descobertas da última semana, a equipe de Jarina estava mais à vontade. Os diretores, nem tanto. Alguns se mostravam bem incomodados ao ver as suas tradicionais reuniões sendo invadidas pelo pessoal da base e que não fazia parte do processo decisório da companhia. Queriam retornar aos números sobre os quais se debruçavam, em vez de ficar ouvindo o que consideravam depoimentos questionáveis.

Kiran saudou todos como se adivinhasse os pensamentos de seus pares:

– Pessoal, uma coisa não podemos negar. Enquanto estamos aqui discutindo o próximo campeonato, o jogo está acontecendo. E quem sabe da partida são os jogadores. Jarina tem razão quando diz que é na base que tudo acontece. A expectativa de quem está em campo é de que o topo enxergue a mesma realidade, não aquela que muitas vezes impomos com a nossa visão distorcida.

Silêncio no recinto. Sem ser interrompido, ele seguiu adiante:

– No topo, costumamos investir grande quantidade de tempo e energia em uma série de afazeres: planejamento estratégico, orçamento, monitoração do fluxo de caixa. Mas lanço uma pergunta para reflexão: se pedirmos aos nossos principais clientes que descrevam qual deveria ser a estratégia de nossa companhia, será que a resposta corresponderia àquela que desenhamos na diretoria?

Kiran havia se preparado, como sempre, mas agora a partir de questões analisadas e absorvidas nas conversas formais com Jarina:

– Sobre as equipes de trabalho, será que nossos colaboradores compreendem a estratégia da companhia a ponto de desenvolverem as competências que a apoiam? Ou estamos mais preocupados em preencher as caixinhas do organograma do que em aproveitar as competências existentes ou permitir que eles se realizem no trabalho? Conhecemos tão pouco as pessoas quanto desconhecemos o próprio trabalho destinado a elas.

Kiran havia conquistado a atenção de todos. E concluiu a introdução:

– Daí a importância do Capital Relacional. Peço que escutem com atenção as descobertas da última semana.

– Aproveito para informá-los sobre a nova denominação da nossa área de atuação: de RC para CR, de Relacionamento com o Cliente para Capital Relacional – anunciou Jarina.

– Muito bom! – aprovou Kiran, dando mostras de que ele também aprendia com as súplicas.

– Dessa vez vamos fazer como em um jogral, intercalando a voz do cliente com a voz do colaborador. Vejam se conseguem distinguir... – ela sugeriu.

Pedro deu a partida:

"Confiança para mim é tudo! Mas sinto que ela se abala quando noto que você guarda uma carta na manga. Parece que nem tudo está posto, e, sem as informações completas, fico inseguro para tomar as decisões.

Sempre que negociamos, eu me sinto com a pulga atrás da orelha. Será que tudo o que precisa ser dito está mesmo sendo dito?".

Tânia prosseguiu:

"Às vezes parece que vivemos um teatro. O teatro da alienação. Informações não circulam, parecem existir segredos. E aí tenho de atuar como numa brincadeira de cabra-cega, tateando o vazio. A insegurança toma conta de mim.

Conto com poucas e esparsas informações sobre as estratégias, os resultados, o desempenho, o futuro. Diante da baixa visibilidade, não consigo oferecer o meu melhor".

Alguns diretores mudavam de posição, nas cadeiras. Um deles se levantou para se servir de café. Os movimentos não afetaram o ânimo de Robson, o próximo a falar:

"Às vezes preciso de um preço mais em conta e tenho de aceitar a irredutibilidade em conceder algum desconto. Depois vejo, contrariado, as promoções e liquidações feitas com elevadíssimos percentuais de desconto.

Fico sempre em dúvida se estou ou não pagando um preço justo".

Matilde continuou, de imediato:

"Noto que você confia desconfiando. E a desconfiança afeta a qualidade da nossa relação.

Uma relação de confiança é fundamental para que eu ofereça meu melhor desempenho. Quero mostrar com minhas atitudes que você pode confiar em mim. Mas também desejo confiar em você, não ficar inseguro com relação à empresa e ao propósito do meu trabalho. Preciso sentir que as lideranças estão empenhadas em me ouvir, pois consideram importante o que tenho a dizer".

A evidente comichão na sala não intimidou Iolanda:

"Uma coisa que me anima ao fazer negócios com você é saber que se preocupa com preços justos e que não vai beneficiar um novo cliente apenas para conquistá-lo, em detrimento dos antigos. E também não vai oferecer um preço menor, para a sua conveniência momentânea, elevando-o em seguida, por não ter mais interesse em mantê-lo no patamar anterior".

Cris intercalou em seguida:

"Mesmo quando me empenho em oferecer um bom trabalho, encontro dificuldade para realizá-lo no dia a dia. Nem sempre conto com os recursos adequados. Espero e desejo perceber que existe vontade de propor soluções para esses problemas ou outras alternativas, de maneira que eu possa fazer o meu trabalho a contento".

Kiran escutava com atenção, dando mostras aos demais diretores da importância dessas informações. Na sequência, Fernandes apresentou suas descobertas:

"Tenho de confiar em você. Se não for possível, nada feito! Confiança é algo que se constrói com atitudes. Preciso ter certeza de que você fala a verdade e não vai tirar proveito da nossa relação cobrando preços elevados com produtos ou serviços incompatíveis.

Aliás, espero que você cumpra as suas promessas de forma justa. Promessa é promessa. Se você fez uma promessa, espero que a cumpra".

Guilhermo prosseguiu:

"Quero que minhas necessidades sejam levadas em conta nos momentos da tomada de decisões. Prefiro acreditar que vocês pensam na remuneração como contrapartida às minhas competências, contribuições e desempenho, não apenas como um item de custo na folha de pagamentos".

Rosilda acrescentou, ainda:

"Quero me certificar de que estou fazendo um bom negócio e de que o meu dinheiro está bem aplicado. Mesmo em uma instituição financeira prefiro saber claramente os riscos e benefícios das minhas aplicações. Se vai me prejudicar, gostaria que dissesse.

Não é de hoje que eu noto uma preocupação maior com você do que comigo. Noto quando você prefere me deixar sem uma solução, em vez de recomendar outra empresa, mesmo concorrente, capaz de me ajudar. O seu senso de competição é tão grande que você não se importa com a minha situação. Por essas e por outras, não sinto confiança em nossa relação. E para mim a confiança é tudo".

A cada informação, era evidente que alguns diretores torciam o nariz, descrentes. Mesmo assim, Bia ofereceu a que colhera com seu par:

"Sinto orgulho quando a empresa em que atuo tem uma imagem diferenciada. É muito bom trabalhar em uma companhia com boa reputação, não mais uma entre tantas semelhantes. E que trata de se renovar. Faço questão de espalhar essa percepção entre meus familiares e amigos".

Antônia se apresentou para falar:

"E aqueles contratos em letras miúdas com o intuito de preservar você, em detrimento a mim? Capto muito bem a autoproteção, sem que haja cuidado semelhante para comigo. Sem contar quando você me obriga a aceitar as condições de um contrato que sabidamente contém letras quase ilegíveis, mas se eu me recusasse a aceitar certos itens as negociações não prosseguiriam, sob a exigência de anuência total.

Você pode até dizer que as coisas funcionam assim no seu tipo de negócio e eu acabo me submetendo, por falta de alternativa. Mas fique sabendo: é impossível confiar desse jeito. Quando confio, independentemente de qualquer contrato, a palavra já basta.

Compreendo que os contratos são necessários, mas para mim, o que funciona mesmo é o velho 'fio do bigode'. A honradez precede os negócios".

Glorinha tinha mais a acrescentar:

"Não tem coisa melhor do que, ao final de cada trabalho, ficar com o sentimento de que ganhei algo importante, de que cresci com o desafio que me foi dado. Superar cada um desses aspectos é fundamental, mas depende de ter um bom acompanhamento".

Pedro arrematou o conjunto de declarações:

"Gosto quando você vai direto ao ponto, sem subterfúgios. Se quiser que lhe dê informações pessoais, explique muito bem o que pretende fazer com elas. Resguarde-me.

Demonstre seus valores, em especial respeito e integridade, pois são bases sólidas de qualquer relacionamento duradouro. Fale dos seus pontos fortes, mas também dos fracos.

Sem confiança, nada. Com confiança, tudo. Invista em conquistar a minha confiança! Ambos ganharemos com isso".

– E então, senhores diretores, qual é a súplica? – indagou Jarina.

– Estou surpreso em saber que tanto o cliente como o colaborador têm a mesma súplica. Nenhum deles quer ser ludibriado – disse o COO.

– Percebi sentimentos de insegurança, desconfiança e até oportunismo. O que ambos almejam é respeito, verdade, honestidade, coerência, honradez e integridade – admitiu o CMO.

– Muito bem! Então qual é a súplica? – Jarina repetiu a indagação.

– Confiança! – resumiu Kiran.

– Sim! CONQUISTE A MINHA CONFIANÇA! Essa é a súplica do cliente e do colaborador – completou Jarina.

Em paralelo, muitas conversas entre os diretores. Discordâncias, concordâncias, validações da realidade, questionamentos. Kiran se entusiasmou ao constatar o envolvimento de seus pares, agora sim discutindo o que era, de fato, importante. Considerava aquela uma reunião empolgante, bem diferente das costumeiras.

– Trouxe um slide para mostrar a vocês... – informou Jarina, disposta a concentrar as atenções no que havia preparado para estampar na tela:

	INTERESSE NO RESULTADO	
AMISTOSO		**HUMANO**
EVASIVO		**FUNCIONAL**

INTERESSE NA RELAÇÃO

INTERESSE NO RESULTADO

– Na horizontal, o interesse no resultado; na vertical, o interesse na relação. Em cada quadrante, qualidades diferentes entre ambos. *Evasivo,* ou empobrecido, revela baixo interesse tanto na relação como no resultado, seja do cliente ou colaborador – ela esclareceu e complementou: – De um lado, o cliente desatendido que não se sente inclinado a se fidelizar; de outro, o colaborador descomprometido.

– Desastre total! Nesse caso, não há Índice de Conversão que se sustente... – declarou Kiran, com firmeza.

– Não acredito que essa seja a realidade aqui na Zênite! – afirmou, inconformado, o CHRO.

Os integrantes da equipe de Jarina trocaram olhares e sorrisos cúmplices.

– No quadrante *funcional,* os interesses prendem-se aos resultados, sem nutrir as relações. Agrada a alguns, mas não gera compromisso emocional entre as partes – prosseguiu Jarina, esclarecendo: – No caso do cliente, no papel meramente de comprador, a relação é estritamente comercial. Sem proximidade, não há espaço para o relacionamento humano.

– É, um toma lá dá cá... – resumiu espontaneamente o COO.

– E, no caso do colaborador, no papel meramente de profissional, o interesse está nos resultados, incluindo projetos, metas e recompensas, mas com baixo interesse pela relação – acrescentou Jarina.

– Tem muito disso por aqui... – admitiu o CMO.

– É a teoria de "negócios são negócios, amizade à parte" – resumiu o CFO, recuperando um velho ditado popular.

– Gostaria de frisar que não estamos avaliando pessoas, estamos identificando a qualidade das relações... – alertou Jarina, antes de prosseguir: – *Amistoso* é o quadrante em que tanto o cliente como o colaborador apostam nos relacionamentos, mas às vezes como paliativos tanto dos problemas não resolvidos, de um lado, como de desafios não cumpridos, de outro. No caso do cliente, no papel de freguês, o que importa são as amizades e os vínculos afetivos. Apesar do caráter amistoso dos contatos, a fidelização não acontece. No caso do colaborador, trata-se de colegas de trabalho que, embora alimentem uma boa teia de relações, não dão conta dos desafios que lhes são apresentados.

– Ou seja: os resultados não estão na ordem do dia... – observou o COO.

– Muito afago não resolve... – trocou em miúdos o CTO.

– O nome disso é complacência! – definiu o CMO.

– Finalmente, o quadrante *humano*. O cliente por completo. Às vezes ele recebe outras denominações, como segurado, para as companhias de seguro; correntista, para os bancos; associado ou cooperado, para as cooperativas; passageiro, para as empresas de transporte; hóspede, para os hotéis; assinante, para as empresas dedicadas a obter assinaturas. No enfoque do Capital Relacional, um ser humano, cujo interesse está tanto na relação como nos resultados.

– Relações e resultados juntos, um nutrindo o outro! – avalizou Kiran.

– O cliente, atendido em suas necessidades, é tratado como um todo, integrado em seus diferentes aspectos: humanidade, carências e desejos, sentimentos e valores – continuou Jarina.

– E a elevação do Índice de Conversão estará garantida! – lembrou o CMO, animado.

– Mas, para isso, a nossa equipe deverá ser capacitada a suprir esse conjunto de demandas. As denominações *cliente* e *colaborador* são apenas caracterizações de alguém interno e alguém externo, mas ambos são seres humanos, com as mesmas buscas, pretensões, carências e desejos – Jarina pontuou, antes de complementar, de olho nos diretores: – Existe um vínculo pessoal, equilibrado com o atendimento pleno. É uma relação autêntica, profunda e regida pelo relacionamento humano de qualidade. É aqui que acontece a fidelização.

– A maioria dos nossos clientes vai embora sem que seja percebida sua ausência e sem que os gestores e equipes tenham consciência das perdas decorrentes. Mas o efeito dessa debandada aparece claramente no Índice de Conversão – observou Kiran.

– O compromisso emocional e o alinhamento entre colaboradores e clientes são o elo consistente entre os negócios e os resultados – concluiu Jarina.

Alinhada, a equipe acompanhou a apresentação, cada um dos integrantes satisfeito pelas contribuições oferecidas a princípio.

– Tudo o que a nossa companhia deveria fazer, como qualquer outra que pretenda viver uma Nova Economia, é conquistar o quarto quadrante, na certeza de que a vocação do ser humano é *ser* humano, seja de um lado ou de outro da cerca. Trocando em miúdos, empresas humanas se relacionando com seres humanos. Empresas humanas são aquelas com alma. Nova Economia é isso: almas humanas servindo almas humanas – esclareceu Jarina, sem receio de evidenciar o que pensava.

– Além de muito poético, isso vai dar muito trabalho... – opinou, com surpreendente sinceridade, o COO.

– Mas esse é o trabalho! A geração de riqueza depende de duas variáveis: cliente fidelizado + colaborador comprometido. Isso acontece quando ambos vivem a qualidade humana nas relações. O relacionamento se transforma em cultura quando a empresa é capaz de manter a qualidade das relações internas e externas no mesmo quadrante. E, antes que me esqueça, a poesia faz parte – finalizou Jarina, com tom de voz suave.

Os diretores murmuravam entre si. Kiran observou a relação deles, fazendo um paralelo com as reuniões reservadas e sisudas de sempre. Agora, os movimentos pareciam mais espontâneos e as observações, calorosas e criativas.

– Eu tenho uma pergunta, e é para alguém da equipe do CR. Como os clientes reagem às explorações das súplicas? – interveio o CHRO, prontamente atendido por Pedro:

– Posso responder! Alguns se sentem muito especiais, como se esperassem por isso há tempos. Algo como "Poxa! Alguém se interessa por mim!".

– Tem também o inverso: os que não querem responder. É compreensível, pois estão ressentidos ao ver por tanto tempo suas súplicas não atendidas. Precisamos nos reaproximar com cuidado desses... – complementou Rosilda, para ampliar o espectro do cenário obtido.

– O segredo está em saber ouvir. Jarina nos treinou muito na escuta, o que nos coloca em sintonia com o outro – asseverou Glorinha.

– Ouvir com atenção é colocar todo o foco no outro, sem se dispersar em outras preocupações. Quando estamos absorvidos pelos nossos próprios problemas ou pelos problemas da companhia, não conseguimos fazer uma escuta exemplar – explicou Tânia.

– O primeiro estágio do Capital Relacional é o da atenção. Essa é a inteligência primordial a ser desenvolvida – frisou Jarina, ajustando o entendimento sobre a questão.

– Mas e o tempo do cliente, ele que também vive atribulado? – questionou o COO.

– Uma conversa de cinco minutos pode ser altamente significativa para uma conexão humana, mas a maioria quer falar mais, desabafar, comentar sobre seus sentimentos, nem sempre atinentes à relação com a nossa companhia, mas oferecendo elementos que representam um bom material de trabalho – observou Bia, a partir da experiência desenvolvida.

– Ouvir com cuidado, com atenção total, faz toda a diferença nas relações. É isso que a gente vem aprendendo nessas últimas seis semanas – comentou Robson.

– O segundo estágio do Capital Relacional é o do interesse, da curiosidade pelo outro. O terceiro estágio é o da conexão – Jarina finalizou, ao notar os movimentos de Kiran, certa de que ele estava prestes a encerrar, o que aconteceu em seguida.

– Caríssimos, precisamos concluir a reunião. E pensar no Capital Relacional como aquele que eleva o capital econômico, em vez de acreditar que o capital econômico acontece apenas gerenciando receitas e despesas. Essa mudança de chave pode ser o início de uma nova história promissora para a Zênite. Boa semana a todos.

46 PORTA DE ENTRADA, SÉTIMA SEMANA

A equipe da CR estava radiante. Todos muito animados ao constatar que Kiran validava o trabalho, abrindo espaço na agenda da diretoria.

– E o que verdadeiramente está mudando? – perguntou Pedro, depois da troca de percepções e sentimentos sobre a reunião.

– Jarina está conosco, no dia a dia, trabalhando junto! – respondeu Matilde.

– Antes, quem lembra? Nossa líder vivia abarrotada de afazeres, trancada em sua sala sem saber ao certo o que se passava aqui nas baias, do lado de fora – lembrou Robson, o primeiro a responder à própria pergunta.

– Eu também me lembro daquele frenesi diário, quase sem oportunidade para uma conversa produtiva e nutritiva – acrescentou Rosilda.

– O que tínhamos eram reuniões ligeiras destinadas a resolver problemas pontuais – concordou Fernandes.

Jarina ouvia com atenção e interesse.

– O que Jarina fez foi reduzir o ritmo, eliminando burocracias, para incluir conversas consistentes em vez daquelas voltadas à produtividade e reduzidas a números: quantos clientes foram contatados? Qual o tempo médio de permanência com cada um deles? – rememorou Bia.

– Sem falar do onipotente Índice de Conversão... – acentuou Guilhermo, com uma expressão satisfeita, como tivesse dito "ufa!".

Jarina tomou a palavra, abrindo o leque de reflexão:

– A nossa experiência precisa se estender para toda a companhia. Os outros gestores têm de arranjar tempo para trocar percepções com seus colaboradores. Isso exige participação e equilíbrio, na fala e na escuta. Requer, como sabemos, predisposição de todos a ouvir com atenção e interesse.

– Exatamente o que aprendemos e estamos praticando melhor agora – comentou Antônia.

– As percepções que as pessoas desenvolvem sobre seus trabalhos (miragens ou imagens) são mais determinantes para seus desempenhos do que qualquer conjunto de informações e dados que constem nos relatórios da empresa – argumentou Jarina.

– Talvez seja por isso que, de maneira geral, os dados gerenciais são tão pouco utilizados... – observou Guilhermo.

– O que estamos descobrindo juntos é que ouvir é uma mágica transformadora das relações e dos ambientes. Vejam quanto cada um de nós mudou nessas últimas semanas! – avaliou Pedro, entusiasmado.

A turma se divertiu bastante lembrando da resistência de Robson, da desconfiança de Rosilda, das dúvidas de Antônia, do ceticismo de Fernandes e das brincadeiras nem sempre em boa hora de Guilhermo.

– A qualidade do diálogo, do qual o exercício de ouvir é parte integrante, é a porta de entrada para construir uma empresa mais humana e próspera. Esta característica, ainda muito rara, aumenta as chances de sucesso, no cada vez mais complexo contexto dos mercados e negócios – ponderou Jarina.

– Aprendemos a conversar aqui e lá fora – comemorou Bia.

– É isso mesmo! Só aprende a conversar com o cliente quem aprendeu, antes, a conversar com os seus pares. Isso quer dizer, é óbvio, que a qualidade do diálogo com o mercado tem relação direta com a qualidade do diálogo interno. Se negócios são pessoas, os mesmos mecanismos adotados internamente servem também para o cliente – frisou Jarina.

– E, assim como acontece com a equipe, será necessário diminuir o ritmo para ouvir o cliente com atenção, interesse e curiosidade – acrescentou Pedro, ciente da lição absorvida.

– Tivemos momentos de confusão, divergências, preocupações e medos, mas nada que não fôssemos capazes de superar com aceitação, compreensão e empatia. Sempre que resolvemos os nossos impasses, estreitamos ainda mais as nossas relações – recordou Antônia, calculando os ganhos intrínsecos e extrínsecos.

– Ao menos na nossa área, já estamos vivendo os bons efeitos do Capital Relacional! – comemorou Cris, sentindo-se gratificada.

O semblante de Jarina manifestava sua principal preocupação, de maneira que ela preferiu admitir abertamente:

– Pessoal, estamos entrando na penúltima semana do meu trato. Sei que Kiran está se ligando no Capital Relacional, mas combinado é combinado. Se o Índice de Conversão não subir, vou ter de me demitir. Caso aconteça, peço a vocês que sigam em frente com os princípios do Capital Relacional. A Zênite está apenas no início de uma bela história.

Admitir tal perspectiva entristecia o pessoal, mas, por outro lado, cada um se sentia mais desafiado do que nunca a prosseguir em busca das próximas descobertas, naquela etapa decisiva.

47 A MENSAGEM DO LÍDER

Inspirado na sexta súplica, Kiran redigiu um comunicado aos diretores, com cópia para Jarina. Os termos traduziam seu perfeito entendimento da proposta em curso.

"Conquiste a minha confiança! A súplica me motivou a compartilhar o que tenho refletido no momento. Vocês já pararam para pensar em como a falta de confiança pode trazer prejuízos para os nossos negócios? E não é só isso. Vocês já pararam para pensar em como a falta de confiança custa caro? Se quisermos obter melhores resultados, temos de ficar de olho na maneira como lidamos com os demais.

Nas relações internas, confiamos desconfiando. Nas externas, acreditamos que, se dermos a mão, vão arrancar nosso braço. Resumo da ópera: funcionários não confiam em seus líderes, líderes não confiam em suas equipes, empresas não confiam em seus clientes, clientes não confiam em seus fornecedores... ufa! Como é possível dar certo?

Precisamos de resultados, estamos sendo cobrados diariamente pela matriz a respeito. Por outro lado, está comprovado: desconfiança custa caro. Hoje a companhia tem de investir muito em segurança patrimonial e quase nada em capital relacional. É no mínimo espantoso resguardar o capital físico e negligenciar as relações geradoras de negócios e resultados.

Capital físico não cria satisfação para o cliente e só contribui com os resultados caso exista a prática do capital relacional. E não me refiro apenas aos gastos financeiros, mas também aos custos afetivos e psicológicos, provavelmente vultosos quando as pessoas percebem que são consideradas inferiores às coisas, vivenciando situações que estariam à beira do ridículo se não fossem trágicas de tão humilhantes.

É o caso de normas e regulamentos que reduzem um ser humano, como todo o seu ilimitado potencial, a mera mão de obra. Os exemplos são muitos, e, sem receio de exagerar, poderia dizer que a Zênite, assim como outras empresas, é moldada na desconfiança. É só examinar o aparato técnico-funcional-gerencial para constatar o que estou dizendo.

Em sã consciência, ninguém duvida que a confiança é um sentimento ou um valor fundamental em qualquer tipo de relacionamento. O trabalho do CR só veio para confirmar isso. Mas sabemos, com certeza, que, no lugar onde deveria estar a confiança, o que existe é falsa harmonia e medo.

Nos ambientes em que reina uma desconfiança sutil, mascarada de gentileza, as pessoas escondem as suas ideias, omitem críticas e preferem concordar com decisões que, sabem, não darão certo. Sem a confiança, as pessoas não oferecem as múltiplas facetas de sua inteligência, de sua opinião, de seu entusiasmo. Depois de uma reunião de decisão, restam apenas o ceticismo e o cinismo. A desconfiança limita a capacidade de ação, diálogo e dedicação no trabalho. Pode haver algum resultado positivo de um clima tão pesado?

Quando falta confiança, uma empresa atua no mercado como se estivesse numa arena de guerra. Blefes, cartas na manga, embustes. O desafio é vencer, não conquistar. O cliente é visto como presa, a negociação se transforma em batalha, o resultado se restringe a ganhar, subjugando o adversário, ou a perder. Nada mais contrário à essência de um negócio, que é construir relações com bases sólidas.

Vocês talvez considerem minha abordagem muito romântica, quando pensam nos abusos e traições que já vivenciamos. Então, vou deixar as coisas bem claras. Não estou propondo que se adote uma atitude simplória e ingênua. Nada disso! Não se trata de confiar cega e incondicionalmente. É claro que, uma vez ou outra, haverá decepções, mas não valem o custo da desconfiança absoluta como premissa.

Sem dúvida, a confiança envolve riscos, mas ainda assim é melhor do que a suspeita, subproduto da desconfiança. É muito ruim viver suspeitando: do colaborador, do gestor, do parceiro, das informações, do produto adquirido, dos serviços contratados, da empresa fornecedora. A desconfiança drena as energias que poderiam ser utilizadas para criar, construir, conquistar, inovar, realizar. A confiança implica incertezas, sim, porém abre possibilidades e oportunidades.

Podemos escolher entre dois tipos de histórias a construir: uma calcada na confiança e outra, na desconfiança. Quando confiamos nas pessoas, encontramos boas razões que dão lastro a esse crédito positivo, e, em geral, elas se confirmam. Isso vale para a desconfiança. Também encontraremos boas razões para desconfiar. É só procurar para achar.

Tanto a confiança como a desconfiança tendem a se confirmar, a depender do ponto de vista, e não é difícil entender a razão. Quem é vítima da desconfiança não sente nenhuma motivação para praticar a confiança. Já quem merece confiança sente gratidão e tende a correspondê-la. Cria-se um laço virtuoso, precondição para um relacionamento saudável e frutífero.

É bom não pensar na confiança como algo fixo e permanente. Deve ser construída e conquistada passo a passo, dia a dia. Requer atenção e interesse, responsabilidade e compromisso, precisa ser ensinada e aprendida. Assim, a confiança é algo que decidimos fazer, realizar, praticar, viver. É um tecer compromissos, um compartilhamento de valores, que ambas as partes compreendem da mesma maneira.

Pois bem! Negócios são pessoas, ou seja, em essência, negócios são relacionamentos. Como um negócio pode prosperar calcado em relações frágeis, inconsistentes? A debilidade decorre da ausência de confiança, que é um valor imprescindível nas relações autênticas e duradouras.

As empresas que melhor funcionam são aquelas em que os líderes têm confiança em seus pares e colaboradores. Da mesma forma, estes confiarão em seus líderes. É preciso, também, que o cliente confie na empresa e nos produtos e serviços oferecidos. Portanto, a confiança é precondição para a prosperidade. Conduz à melhoria geral: de eficiência, eficácia, cooperação, espírito de equipe, moral comunitário. Com todas as chances de sucesso!

Confiar na confiança, e, a partir daí, *gerar* confiança, deve ser um dos princípios fundamentais de empresas que se pretendem únicas e progressistas.

Confiar na confiança é, sobretudo, confiar em nós mesmos. Nesse sentido, não me refiro somente aos negócios. Falo, também, na vida, em seu sentido mais amplo. Se calcada em desconfiança, a vida se torna um fardo, mas se transformará em um universo de inimagináveis, infinitas possibilidades se baseada em confiança. Dela dependem a felicidade e, também, o êxito nos negócios.

Proponho investirmos no Capital Relacional, que promove a relação de confiança. A colheita de resultados será líquida e certa."

Quando recebeu sua cópia, Jarina leu o *post scriptum*, solicitando a presença dela na próxima reunião de diretoria. Percebeu que, além da adesão aos princípios da experiência, Kiran propunha o Capital Relacional como estratégia. Se tivesse mesmo de honrar a palavra, demitindo-se da Zênite, ela deixaria seu legado, o que – de certa forma – a consolava.

48 A TECNOLOGIA E O HAMBÚRGUER

– Lá na Magalhães, o assunto de hoje foi a tecnologia, exatamente a área sob minha responsabilidade.

Muacy permanecia bem atento ao volante enquanto conversava com Jarina.

– Parecia um cabo de guerra, acredita? Eu tentava discorrer sobre o Capital Relacional, mas os outros insistiam na importância da tecnologia para o futuro da empresa. Está certo que eu também pensava assim quando assumi meu posto. Até em razão dos parcos investimentos nessa área.

– A tecnologia é a grande revolução no mundo dos negócios, sem dúvida – concordou Jarina.

Quando notou que o namorado parava o carro para abastecer, ela perguntou por que ele escolhia um posto distante do bairro onde morava.

– Com tantas alternativas de oferta na vizinhança, nenhum deles conseguiu me fidelizar, embora eu até preferisse, por conta da comodidade. A distância não me incomoda.

– Qual é a diferença entre este posto e os outros? Afinal, a gasolina supostamente é a mesma e quase não há variação no preço.

– A diferença é sutil; pouca coisa, é verdade, mas suficiente para compensar o esforço. Aqui eu sempre recebo um cumprimento caloroso do frentista e me sinto acolhido. Ao mesmo tempo, não tenho de esperar muito nem insistir para ter serviços simples. Nem sequer tenho de sair do carro para fazer o pagamento, como acontece em muitos lugares. O pessoal é bem franco em relação ao estado do veículo, sem oferecer aquelas ofertas de aditivos desnecessários. Ah, sim, e me chamam pelo nome quando se despedem, acredita?

– Simples assim?

– Você pode se surpreender que minha escolha se deva a coisas tão corriqueiras... A opção não se deve propriamente aos serviços, mas ao jeito como são oferecidos, uma demonstração autêntica de interesse e disponibilidade.

– Entendi. Essa cordialidade não existe nos postos do seu bairro?

– Não que eu saiba. Seja o que for que eu queira, tenho de pedir e esperar pela boa vontade alheia.

– Moral da história: o relacionamento humano continua sendo a alma dos negócios.

Jarina constatou o que Muacy acabava de comentar, observando como o frentista agia. E fez uma relação direta com o fio da conversa no trajeto:

– Então, mesmo depois da estrondosa explosão tecnológica de fins de era industrial, de toda a informatização e automatização dos processos de atendimento, de o sistema técnico ter consumido verbas e mais verbas das empresas, o relacionamento humano se mantém como o grande, definitivo diferencial.

– Mas há quem jure de pés juntos que é impossível oferecer um bom atendimento sem a tecnologia.

– Admito que a tecnologia ajuda muito. Mas é acessória. O essencial está na relação humana.

– Muitos negócios estão se reinventando no meio digital – lembrou Muacy.

– Mesmo que certos empreendimentos sejam totalmente digitais, em algum momento vai surgir a necessidade de uma interação pessoal. Uma expectativa de conversar com alguém de carne, osso e alma, disposto a se interessar por nós, a nos ouvir e compreender. É o momento determinante na fidelização do cliente. Como você mesmo, um homem dedicado à tecnologia, acaba de confirmar, o relacionamento humano é, e continuará a ser, a alma dos negócios.

Muacy concordou com a conclusão da namorada, enquanto o frentista se despedia dele. E retomou o rumo da hamburgueria, certo de que lá o atendimento também concorria decisivamente para que ambos voltassem com frequência, sem contar o esmero na preparação dos lanches.

49 PAZ SIM, MITIGAÇÃO NÃO

Em casa, Jarina observava dona Áurea em sua cadeira de balanço. Quando não estava concentrada em leituras e orações, ela ficava naquele vaivém como se meditasse, quem sabe mergulhada em lembranças dos pais, da venda e de suas vivências em um mundo contido em outro mundo, a pequena cidade do interior onde nascera.

O casamento com Janos fora uma tentativa de misturar a água ao vinho. Jarina nunca compreendera a relação dos dois. Eram opostos. Ele cata-vento, ela girassol. Submissão? Tradição familiar? Moral judaico-cristã? Logo ela, a sábia dona Áurea, mestra em relações?

Naquela noite, Jarina sentou-se ao lado da mãe, disposta a conversar a respeito. Dona Áurea explicou-se:

– Relacionamentos são instigantes. Valorizá-los e mantê-los é um desafio para a vida inteira. Às vezes preferimos descartar alguns, quando provocam desavenças, mágoas, ressentimentos ou não correspondam às nossas expectativas. Mas essa não é a melhor solução. Romper sempre é a pior saída.

– Por isso se manteve fiel a papai durante toda a vida?

– Aprender a amá-lo e me relacionar da melhor maneira com ele me fez crescer muito como pessoa. Também aprendi a lidar com conflitos.

– Isso de evitar o conflito e colocar panos quentes chamamos na empresa de mitigação. Mitigar é ficar na superfície, sem se envolver realmente. Não era isso o que acontecia na sua relação com papai?

– Promover a paz é apaziguar, não mitigar. É, sobretudo, reconhecer as razões e intenções que levam ao conflito. Da maneira como você descreve, mitigar é fugir do conflito.

– Mas era o que acontecia entre vocês.

– Conhecer as razões e intenções quase sempre atenua os conflitos, porque boa parte deles se dá por conta de expectativas não correspondidas e muitas vezes nem sequer declaradas. Eu conhecia as razões, intenções e frustrações de seu pai.

– Não acha que deveria ter sido mais dura com ele?

– Nas relações, não importa quem está com a razão, o diálogo franco é sempre o melhor meio para colocar sentimentos a limpo. E não adiar a conversa. Essa pode ser a pior escolha, pois ressentimentos costumam produzir ranço.

– O tempo ajuda a apagar os ressentimentos.

– Não entre nessa, minha filha! O tempo só faz aprofundar e cristalizar ainda mais as mágoas e os ressentimentos não tratados.

A relação entre seus pais sempre intrigara Jarina, que ainda não tinha muita clareza sobre a ligação deles.

– Uma segunda regra é usar mais os ouvidos do que a boca. E escutar antes os sentimentos do que as razões ou interpretações racionais dos fatos. Melhor ainda quando não nos apressamos a dar nome aos sentimentos do outro. Melhor, também, quando a própria pessoa os declare, com suas palavras e versão dos fatos, mesmo que equivocadas.

– Já compreendi que, nos conflitos, reconhecer a versão dos fatos é mais determinante do que os fatos em si.

– Quando ouvimos atentamente, emitimos o seguinte recado: eu me importo com você. E isso conta muito.

Jarina começou a compreender por que o trabalho do Capital Relacional com sua equipe vinha dando resultados além das expectativas. Um novo estado de espírito foi se desenvolvendo internamente e também com os clientes consultados.

– Outra regra de ouro é falar de comportamentos e não da pessoa, que jamais devemos ferir. Ela pode ser poupada, embora comportamentos mereçam críticas. Quem não está em seus melhores dias tende a ter atitudes ruins. Acontece com todos nós.

– E tem o jeito de fazer a crítica, não é? A maneira de falar também conta muito. "Fez, mas fez errado" é bem diferente de dizer "fez errado, mas fez".

Dona Áurea se divertiu com o exemplo da filha.

– Uma sutil, mas profunda distinção. Tanto a frase como o tom dado a ela podem ser decisivos quando se trata de relacionar-se e de lidar com conflitos.

– E o que mais? – instigou Jarina, sempre pronta a aprender.

– Admitir os próprios erros e pedir desculpas, além de demonstrar humildade, é infalível para desarmar a outra parte. Isso vai acontecer quando compreendermos que estar certo é o que menos importa em situações de divergência.

– Então foi assim que o girassol aprendeu a conviver com o cata-vento?

– Existe grandeza nas diferenças, desde que haja o compromisso sincero de promover a paz... – Os olhos de dona Áurea brilhavam enquanto fazia confidências. – De manhãzinha, enquanto você dormia, aproveitávamos para conversar sobre nós, você e a vida. Nessa hora, ele expressava a toda ternura que escondia.

– Vocês provaram que dá para conviver com as diferenças.

As diferenças ajudam? Foi por causa delas que Jarina buscou um caminho diferente daquele que seu pai havia trilhado.

No íntimo, Jarina percebeu, pela primeira vez, que, em vez de nutrir indignação e repulsa, julgando com dureza o pai, alimentava por ele um novo sentimento de gratidão.

50 A SÉTIMA SÚPLICA

Naquela sexta-feira à tarde, a equipe do CR estava reunida aguardando o momento de compartilhar os aprendizados da sétima súplica. A sinergia entre eles era contagiante. Comprometidos e desafiados, vivenciando relações nutritivas e atóxicas, todos se sentiam influentes diante dos desafios e com autonomia para exercer as funções. Enxergavam um grande significado no que faziam, para além do trabalho e da empresa. A qualidade nas relações havia se estendido para outras áreas da vida, na família, com os parceiros afetivos, na escola, na igreja e em todos os outros ambientes comunitários. Essa ampliação de "contágio" constituía um virtuoso e inesperado efeito colateral, traduzindo-se na melhor recompensa que poderiam desejar.

Afinal, para o bem ou para o mal, essa tal felicidade depende consideravelmente dos nossos relacionamentos – todos estavam certos disso. Certa vez, ao conversarem, lembraram de fatos que evidenciam essa realidade. Um deles foi a tragédia das torres gêmeas, de 11 de setembro de 2001 nos Estados Unidos, quando as vítimas lembraram de ligar para os seus entes e amigos queridos, como alento para aquele momento dramático, ao perceberem a morte à espreita. Da mesma forma aconteceu na pandemia de 2020, que assolou o planeta e colocou a população em isolamento social, mas graças à tecnologia as pessoas ampliaram as conexões entre si com mais ênfase do que antes. Diante de dramas e tragédias, o que importa se sobrepõe ao que funciona, haviam aprendido os colaboradores de Jarina. Estavam convencidos de que a economia e os negócios funcionam, mas o que mais importa são as relações. Socorrem e promovem a existência.

– Quem começa? – perguntou Jarina.

Uma competição sadia se instalou. Tal como crianças, todos queriam falar, todos levantavam a mão, todos se aventuravam. Jarina, como gestora, havia conquistado a mente e o coração deles.

– Primeiro as damas! – Guilhermo tentou ser gentil.

– Então lá vai! – Tânia se adiantou.

"Arroz com feijão. É assim que vejo o nosso relacionamento. Padronizado. Ao meu ver, existe um tratamento padrão para todos os clientes, como se tivessem desejos iguais. É assim que me sinto: fazendo parte de uma carteira de clientes."

– Vixi! Esse começou quente – brincou Guilhermo, antes que Matilde prosseguisse.

"Está certo! Você entregou o básico. Mas vamos ficar por isso mesmo? Tenho desejos que vão muito além! Anseio por algo que inspire e eleve a minha alma. E isso raramente acontece. A mesmice traz consigo o desencanto, que, aos poucos, diminui a minha chama."

– Ouçam a próxima! – disse Iolanda, animada.

"Por outro lado, fico encantado quando você me faz ingressar em outro mundo, me ajuda a enxergar uma realidade que eu desconhecia até então, a viver uma nova experiência, a valorizar um ambiente e um jeito apropriado de fazer negócios."

Cris emendou, sem demora:

"Gosto quando você oferece uma experiência única, feita sob medida para mim. Nesse caso, percebo que pensou em mim, mergulhou no meu universo, cuidou de detalhes que valorizo e julgo significativos. Tudo isso me extasia, mexe com os meus sentidos, e não vejo a hora de compartilhar a experiência com outras pessoas".

Fernandes aproveitou a deixa e prosseguiu:

"Às vezes preciso de um impulso que me tire do marasmo, não me deixe parado, acenda uma chama em mim, capaz de me ligar a algum chamado virtuoso, uma causa maior".

Rosilda entrou em cena:

"Se tem algo que mexe comigo é me relacionar com quem tem um propó-sito que vai além de trocar mercadorias ou serviços por dinheiro. Apre-cio quando sei que o meu dinheiro vai além da transação comercial e contribui para algo maior com que você se preocupa. Quando noto que se preocupa com a comunidade e a economia local, isso mexe comigo, pois sei que estamos do mesmo lado, beneficiando uns aos outros".

– Escutem esta, vocês vão gostar! – sugeriu Bia, entusiasmada.

"Almejo um mundo melhor. Às vezes quero ajudar, mas não sei como. Falta-me iniciativa. Agrada-me quando reconheço em você essa mesma intenção, e gosto mais ainda quando me sinto incluído. Não é uma questão de doar dinheiro, mas de fazer com que eu me engaje em uma causa. Em outras palavras: sinto-me conquistado quando vejo cone-xão entre o seu e o meu propósito".

– Tem tudo a ver com uma das que ouvi! – acrescentou Antônia.

"Gosto de saber de seus sentimentos e de seu interesse em estabele-cer comigo uma ligação emocional e até espiritual, que vai além dos negócios.

Tudo isso nos une, acalenta meu coração, eleva a minha alma, e me sinto em comunhão com você quando me inspira!"

– Maravilha! E daí, pessoal, qual é a súplica? – Jarina apresen-tou a questão básica daquelas reuniões.

– O cliente não quer viver a mesmice e a anomia – sugeriu Glorinha.

– Nem uma relação estagnada ou desconexa – complementou Robson.

– Ele tem necessidade de significado, algo que eleve a sua chama, lhe dê esperança, que vá além do material. Busca uma ligação emocional e espiritual, de comunhão e paz de espírito – afirmou Pedro.

– Está inspirado hoje, hein? – provocou Guilhermo, indicando a resposta.

Jarina se divertiu com o comentário realmente sugestivo:

– É isso, Guilhermo. INSPIRE-ME! Essa é a súplica. E não é diferente do que obtive nas declarações de vocês, e que muito bem devem representar o desejo de tantos outros colaboradores da Zênite. Confiram!

"Pessoas com quem convivo sempre comentam que não veem a hora de chegar o fim de semana para se livrarem da rotina, em busca de emoções, na vida.

Sexta-feira, os grupos de WhatsApp estão repletos de frases do tipo 'Graças a Deus é sexta-feira' ou 'A vida começa na sexta'. Domingo à noite, é hora de lamentações, pela iminência da segunda-feira.

Veem o seu trabalho como uma sina, sem esperança alguma de que algo vai mudar. Existe um processo de trabalho já determinado e nele encaixam seus afazeres, também determinados. Tanto o cargo como as funções estão determinados."

"Antes de serem profissionais, as pessoas são humanas, com dons e talentos que nem sempre se encaixam no espaço limítrofe dos cargos e funções.

Dificilmente elas se defrontam com um desafio que as faça sair do quadrado, exija mais, faça aflorar o potencial. Todas podem oferecer mais. Para isso, precisam de desafios que as tirem da zona de conforto e as coloquem na zona de aprendizado."

"Quando a empresa abre espaço para as novidades e se reinventa, encontro emoção no trabalho. Não só aguardo como sonho com a nova surpresa, desejando sugerir outras para uma empresa criativa e até mesmo inusitada."

"Muitas coisas que vivo fora me sugerem ideias a propor lá dentro, e as ações criativas que realizamos juntos me inspiram na vida pessoal.

Um ambiente aberto e estimulante me motiva a buscar soluções novas, e sei que os meus colegas também procuram a mesma coisa, porque oferecem respostas que satisfazem as minhas demandas e, muitas vezes, geram novas oportunidades de crescimento. Esse fluxo alimenta a continuidade de nossa relação. Afinal, quem não deseja trabalhar em um ambiente vivo, onde o novo ressurge a cada dia? Não tem nada mais motivador do que saber que está aprendendo e evoluindo todos os dias.”

“Num ambiente aberto e inspirador, sinto motivação para buscar soluções novas.”

“Tenho necessidade de inspiração, pois desejo ter novas ideias, evitando que eu siga o mesmo e tedioso caminho da roça. Quando vivo experiências surpreendentes e recebo um tratamento excelente na empresa, a vontade de retribuir, oferecendo o mesmo aos clientes, é imediata. Eu desejo fazer o melhor trabalho e encantar quando sou encantado.”

“Sinto um bem-estar quando constato que a empresa não troca o meu tempo por dinheiro, mas que somos cúmplices de uma mesma causa.”

“Mexe comigo saber que trabalho em uma empresa preocupada com as pessoas, com o ambiente, com o planeta. Nessa hora, não meço esforços para oferecer o meu melhor. E não há horário e salário mais importantes que isso.”

“Quando vejo a minha chama – o meu propósito pessoal – conectada com o chamado – o propósito da empresa –, sinto-me com vida, alma elevada.
Por isso, suplico: não me deixe sem inspiração.”

– Esses somos nós! – arrematou Guilhermo, reconhecendo a si e aos colegas, orgulhoso de oferecerem o que sentiam e percebiam no ambiente de trabalho.

Para concluir os trabalhos, Jarina adiantou aos colaboradores os próximos passos no processo:

– Fui novamente convocada para a reunião da diretoria, na próxima segunda-feira. Dessa vez vou sozinha. Kiran quer instituir o Capital Relacional na empresa e precisa conquistar a adesão de todos os diretores. Lembro que, por meu acordo com o CEO, a próxima será minha última semana. Novamente peço a vocês que mantenham a proposta viva se eu tiver de me demitir. O Capital Relacional é ainda um bebê de colo na Zênite. Precisa ser cuidado e alimentado para que cresça e se transforme em uma cultura. Quando isso acontecer, esse será o jeito de ser da companhia. Conto com vocês!

Um abraço coletivo, espontâneo, selou delicada, mas fortemente, a cumplicidade entre todos, Jarina e sua equipe.

51 DE OUTRA ORDEM

Jarina passou o fim de semana se preparando para aquela segunda-feira, que marcaria o início da derradeira semana. Montou slides para acrescentar argumentos sobre como o Capital Relacional poderia evoluir ao longo do tempo.

1 Como método de trabalho, oferecendo um modelo de liderança que colocasse o gestor mais nas relações do que na operação;
2 Como estratégia, na medida em que conectasse colaboradores e clientes como o elo consistente dos negócios e resultados;
3 Como filosofia da empresa ou cultura organizacional, quando assumisse a humanização dos negócios.

Talvez Kiran já estivesse enxergando mais longe, porém os demais diretores ainda permaneciam muito presos a crenças e práticas da velha economia. Jarina conquistara a rara oportunidade de virar aquela chave. Não ia perder a chance.

Resolveu que deveria chegar cedo à empresa, disposta a solicitar permissão para arrumar a sala de reuniões de outra forma, incentivando maior participação de todos.

No domingo, antes de dormir, foi até o quarto de dona Áurea para lhe dar o beijo de boa-noite, como sempre. Ao se aproximar da cama, levou um susto tremendo. Sua mãe estava desfalecida, com o corpo enviesado, a cabeça pendendo para fora do colchão, os olhos semicerrados, a boca entreaberta, destilando um pouco de saliva. Desesperada, procurou acomodá-la melhor antes de chamar a ambulância.

Sentiu muita dificuldade para ajeitá-la, porque, totalmente lânguida, pesava muito mais do que o normal. Conseguiu constatar, com certo alívio, que a mãe respirava levemente. Alcançou o telefone e solicitou socorro médico. Assim que o atendimento chegou e iniciou os trâmites para levar a paciente ao hospital, a jovem enviou uma mensagem a Pedro, pedindo que fosse à reunião da diretoria em seu lugar, junto com todos os integrantes da equipe.

Enquanto acompanhava a mãe, Jarina percebeu que, agora, a reviravolta em sua vida era de outra ordem.

GESTÃO
E APRENDIZAGEM

"É A RELAÇÃO QUE CURA."

CARL ROGERS

52 A VIRADA DE CHAVE, ÚLTIMA SEMANA

Pedro replicou a mensagem de Jarina para os demais colegas de equipe. Todos se apresentaram para, junto com ele, aguardar a chegada de Kiran e dos demais diretores.

– Bom dia! Cadê a Jarina? – O CEO se espantou ao vê-los.

Pedro contou o que havia acontecido e todos foram convidados a entrar, enquanto outros diretores iam chegando, igualmente surpresos tanto com a ausência da única convocada para aquela manhã quanto com o novo quórum. Foram informados rapidamente do imprevisto e Kiran passou à pauta, não sabendo muito bem o que poderia acontecer sem a presença dela.

– Estamos aqui representando a nossa gestora. Já encaminhamos a Kiran o que obtivemos durante a semana passada. Cada um de nós vai dizer, agora, o que aprendemos com ela. Certamente valerá para a empresa saber como chegamos a essa interação verdadeira e instigante – declarou Pedro, sem exagerar no tom, certo de que a sobriedade seria mais adequada para aquele momento.

– Antes, no Relacionamento com o Cliente, estávamos enfastiados, focados o tempo todo na tarefa de tentar elevar o Índice de Conversão. A gestora trouxe sentido e significado para o nosso trabalho. Hoje temos outra energia e motivação – continuou Guilhermo.

– Ela soube como aguçar a nossa curiosidade, um instrumento eficaz para dispersar o medo que sentíamos diante dos problemas da companhia – revelou Glorinha.

– Descobri potenciais em mim que não sabia existir, graças aos desafios frequentes que a nossa gestora vem lançando para cada um de nós – Fernandes acrescentou.

– Ela me inspira, e essa sensação se estende a minhas interações não só com o cliente, mas também com a família, os amigos, os integrantes da comunidade – emendou Rosilda.

– Quando Jarina nos apresentou a ideia da Reviravolta AIA, confesso que rejeitei. Eu era um desesperançado, e ela soube alimentar a esperança em mim – admitiu Robson.

– Espero que a Zênite tenha mais gestores do calibre de Jarina. Daí vamos sair dessa para outra muito melhor – vaticinou Pedro.

Não obstante desconhecer completamente qual seria a impressão de seus pares a respeito, Kiran estava gostando do que ouvia. E resolveu se manifestar:

– O que Jarina fez foi desenvolver a qualidade de diálogo com a equipe e com os clientes. Como ela mesma diz, negócios são pessoas e, sobretudo, relacionamentos. Um gestor capaz de introduzir esse raro elemento sem dúvida está muito bem preparado para lidar com os novos tempos. O problema é que temos mais chefes do que gestores na Zênite.

– Temos muitos bons gestores na companhia! – rebateu o CHRO, contrariado.

– Quando menciono os gestores, refiro-me às lideranças intermediárias. Aquelas que trabalham com o pessoal que está na base, na linha de frente, justo onde as coisas acontecem. Sabemos que muitos colaboradores se demitem da companhia, ou melhor, dos seus gestores. É mais ou menos assim: "como não posso despedir meu chefe, eu me demito". E, se não conquistarmos o engajamento do colaborador, tampouco vamos conquistar o cliente.

– Isso é verdade! – concordou o CHRO, com sinceridade, menos contrariado.

– Penso que todos estão muito mergulhados na operação, e isso também não é culpa deles. Fazem aquilo que a companhia mede – observou Kiran, conciliador.

– Antes, nós nos sentíamos impotentes, diante da realidade incômoda: era um controle aqui, uma desconfiança acolá, disseminando o constrangimento. Ao mudar a maneira de trabalhar conosco, Jarina nos ofereceu o apoio que ansiávamos – corroborou Pedro.

– Ela colocou as relações na frente, como prioridade. Nós nos transformamos em uma rede feita de relações, interações e aprendizado compartilhado – continuou Matilde.

– O Índice de Conversão mede o desempenho, mas não a qualidade das relações de *quem* faz o desempenho – ressaltou Fernandes.

Os diretores escutavam ressabiados, sem atinar aonde aqueles jovens queriam chegar.

– Antes nossa gestora não saía da sua sala, que, para nós, não era nada convidativa. Havia uma grande barreira entre a gente – relembrou Cris.

Notando a inquietação de seus pares, Kiran voltou a se manifestar:

– Eu me deparei com uma estatística assustadora: detectei que a chefia, principalmente a alta direção, conhece menos de um décimo da realidade. Encastelada, não consegue enxergar mais do que essa ínfima ponta do iceberg. O restante tenta elaborar via suposições, baseando-se nas mensagens que recebe de seus súditos, muitas vezes repletas de ruídos e intenções duvidosas, ou faz deduções a partir de seus próprios pressupostos ou preconceitos, acrescentando fantasia ao que de fato acontece. E é com base nessas miragens que toma as decisões para nortear o futuro da empresa.

Os diretores se mexiam nas cadeiras, cada vez mais desconfortáveis.

– O que nossa gestora fez foi misturar-se conosco nas baias, conversando, ajustando percepções, animando. Acenando, enfim, com o bom futuro – descreveu Bia.

– Outra coisa que destaco é a coerência entre o discurso e a prática. Na mesma medida que ela nos orientava para uma escuta ativa, em total estado de presença, fazia o mesmo conosco. Aprendíamos com as súplicas dos clientes, enquanto reconhecíamos as nossas próprias súplicas, e ambas eram tratadas com atenção e interesse – explicitou Antônia.

– O gestor é a chave! E vamos virá-la com a ajuda do Capital Relacional – concluiu Kiran, com um entusiasmo que ninguém jamais notara nele.

A Reviravolta AIA colocara de ponta-cabeça as reuniões da diretoria, e, agora, o CEO queria revirar toda a diretoria de ponta-cabeça. Kiran seguiu na toada nova, enfático:

– Sejamos coerentes se quisermos dar o exemplo aos gestores. Como líderes, o nosso papel é aterrissar. Não existem oportunidades e resultados aqui onde estamos. E de nada adianta continuar batucando o teclado do computador, pois as coisas acontecem fora da tela do monitor.

Kiran estava decidido, apresentando argumentos básicos da proposta de reviravolta:

– Se quisermos conhecer o mercado de perto, temos de ir ao mercado. Se quisermos conhecer o cliente de verdade, temos de ir ao cliente. Se quisermos conhecer a equipe de trabalho de perto, temos de descer dessa nossa gávea e circular pelo convés.

A equipe do CR assistia extasiada.

– Deleguem seus afazeres, cancelem seus compromissos, esta semana quem vai a campo somos nós! Vamos ouvir diretamente as súplicas de clientes e colaboradores.

Os diretores ainda duvidavam se o líder estava, mesmo, falando sério.

– Tomem coragem. Aterrissem!

Pedro organizou os trios. Ele e Cris com Kiran, o CEO. Robson e Tânia circulariam com o CFO. Matilde e Iolanda, com o CMO. Rosilda e Fernandes, com o COO. Bia e Guilhermo, com o CTO. Antônia e Glorinha, com o CHRO.

A equipe do CR jamais se imaginou, um dia, trabalhando lado a lado com os deuses do Olimpo. Aquela semana ficaria na história da companhia para sempre. E a Zênite jamais seria a mesma.

Foi a maneira que Kiran encontrou de reverenciar a sua gestora mais atrevida.

53 A MÉTRICA ICR

Dona Áurea foi internada na UTI, em um primeiro momento sem previsão de visita. Jarina postou-se à porta do centro de tratamento intensivo, sem arredar o pé. Aguardava informações, que chegavam em gotas e parcas. Abatida, sem dormir desde a noite anterior, não quis se afastar para o café da manhã na cantina. Muacy chegou bem cedo, trazendo algumas frutas.

– Tudo vai correr bem – ele murmurou, tentando tranquilizá-la, enquanto a abraçava carinhosamente.

Eles haviam se encontrado na relação. Nem sempre tinha sido assim. A soberba, o orgulho, a falta de atenção às vezes falaram mais alto, fazendo os conflitos levarem tempo para serem sanados. Nas idas e vindas, Muacy nunca desistira, mesmo quando eles ficaram meses sem um encontro sequer.

À medida que Jarina se aprofundava na natureza das relações humanas, mais compreendia a si mesma e o namorado. Por tabela, o Capital Relacional ajudou também a burilar a questão afetiva, arredondando bordas pontiagudas.

Jarina compartilhou o que sabia sobre o estado de saúde de sua mãe. Tinha havido um súbito agravamento da doença autoimune, e os anticorpos produziram uma reação inflamatória, afetando o centro nervoso da respiração. Talvez ela tivesse esquecido de tomar o medicamento, talvez a doença tivesse evoluído por seu próprio ciclo. Não havia um diagnóstico preciso, nem previsão para que ela saísse da UTI.

– Não adianta permanecer aqui, Jarina. É melhor ir para casa, retornando nos horários de visita – sugeriu Muacy.

– Quero ficar.

Ele a conhecia o suficiente para saber que ela não arredaria pé. Conversaram sobre dona Áurea, os bons momentos juntos, os aprendizados, as histórias vividas no armazém de secos e molhados, os passeios e viagens que fizeram juntos. Ajudava a passar o tempo, naquela antessala da assustadora e impenetrável UTI.

– Hoje você teria mais uma reunião com a diretoria, não é? – ele perguntou, tentando distraí-la um pouco.

– Sim, seria a derradeira, marcando o início da última das oito semanas que pedi ao Kiran. Eu havia me preparado muito bem para influenciar a diretoria sobre a importância de prosseguir com a proposta e ampliar o Capital Relacional. Que nada! Aqui estou. Perdi a grande chance – ela murmurou, desolada.

– Uma pena.

– Mas, se a minha mãezinha melhorar, não vou me importar. Tê-la ao meu lado é o que mais quero neste momento.

Muacy solidarizou-se com ela, no sentimento que explicitava, na dor que via em seus olhos exaustos. Quase sussurrando, arriscou:

– Queria lhe dizer algo, mas não sei se está disposta a falar a respeito.

– Vá em frente. Quero conversar, sim. É bom misturar assuntos.

– É que descobri um jeito de medir o Capital Relacional. Finalmente desenvolvi uma métrica que pode agradar a diretoria da Zênite e os executivos dos Estados Unidos. ICR: índice de capital relacional. O que lhe parece?

– Como será feito o ICR?

– Subtraindo do percentual de súplicas atendidas o percentual de súplicas desatendidas.

– Mas para isso será preciso quantificar as respostas das súplicas.

– Sim, já fiz um teste. É um indicador instigante.

– Não podemos substituir a aproximação e o diálogo por um número; assim vamos caminhar para trás. Números existem de monte – Jarina observou, não convencida.

– O ICR é um sinalizador. O cliente ou colaborador pode responder perguntas relacionadas a cada súplica, e, a partir das respostas, o gestor vai direto ao ponto, aprofundando-se mais sobre as informações. O ICR não vai substituir a aproximação e o diálogo. A ideia é que ele incentive essas relações.

A conversa foi interrompida pela divulgação do boletim médico. O estado da paciente era estável. A informação foi lacônica, mas bem-vinda. Jarina se tranquilizou um pouco, pois temia ter de ouvir o pior. Ligeiramente relaxada, quase abatida pelo cansaço, se aninhou no abraço do namorado.

– Esses são os indicadores médicos. Não substituem nem os cuidados nem o tratamento, claro. O termômetro não trata a febre, apenas indica o seu grau – com o comentário, Muacy aproveitou para validar o ICR.

– Está bem, Muacy. Faça os seus estudos chegarem ao Kiran.

Naquela semana, Jarina não retornaria ao trabalho. Aliás, nem sequer sabia se poderia voltar.

54 A OITAVA SÚPLICA

Kiran manteve o ritual de Jarina, reunindo-se com toda a equipe na tarde de sexta-feira, para compartilhar as descobertas e os aprendizados da semana. Preferiu que fosse feito no mesmo local, em meio às baias, agora com a equipe CR mais ele e os diretores.

Depois de uma integração *sui generis*, juntando deuses, heróis e mortais, chegava o momento de descobrir a oitava e última súplica.

– Sugiro fazermos como da outra vez, na forma de jogral – Kiran abriu os trabalhos.

– Malik começa! – Robson e Tânia ofereceram a primazia ao principal executivo de finanças da companhia.

– Deixa comigo! – ele aceitou prontamente.

"Está bem! Se é só o que você tem para oferecer, vou me conformar. Será o máximo que vai conseguir de mim: um cliente conformado. Se é o que deseja, então a relação está definida. Mas, se quer ir além, um engajamento maior, então me surpreenda."

– Uau! Gosto quando a gente arranca cantando pneu – brincou Guilhermo, sempre fiel a seu estilo.

– Então agora é a vez do colaborador, na voz do Rudolph – indicaram Matilde e Iolanda, referindo-se ao responsável pelo marketing da companhia.

"Todos os dias a mesma rotina, todas as semanas a mesma agenda, todos os meses as mesmas metas. Até quando? Quem não gosta de uma boa surpresa de vez em quando?

A rotina faz a gente trabalhar no piloto automático. Daí o presenteísmo, ou seja, a gente está lá, mas pensando em outras coisas."

– Está esquentando! – instigou Guilhermo.

– Vamos voltar ao cliente, na voz do Macário! – sugeriram Rosilda e Fernandes, apresentando o responsável pela operação da Zênite em todo o território nacional.

– Pois não! – ele aceitou, satisfeito.

"Talvez você até imagine surpreender, quando investe em brindes banais, mensagens padronizadas e presentes genéricos. Estou abarrotado de coisas similares que recebo de outras empresas, sem que nenhuma delas tenha algum significado para mim. Claro que gosto de alguns mimos, mas desde que sejam especiais, únicos, surpreendentes!"

– Venha, André! – chamaram Bia e Guilhermo, referindo-se ao principal responsável pela tecnologia da companhia, que aceitou de muito bom grado.

"Antigamente, quando a gente se enfastiava, arranjava um jeito de faltar no trabalho. Era o absenteísmo, com as faltas descontadas do salário. Alguns inventavam atestado médico para esquivar-se dos descontos. Agora, as coisas mudaram. A gente vai para o trabalho só de corpo, a mente e a alma vagueiam por outras paragens. Esse é o presenteísmo. Uma forma de praticá-lo enquanto se vence o tédio é mergulhar nas redes sociais, ver e rever mensagens, assistir alguns vídeos no YouTube etc. Se não há surpresas no trabalho, a internet está cheia delas!"

– E isso acontece aqui? – ironizou, bem-humorado, Rosário, responsável pelo RH da companhia.

– Aproveite e prossiga! – indicaram Antônia e Glorinha.

– Lá vou eu!

"Talvez você me ache muito exigente. Talvez imagine que os meus caprichos vão lhe trazer despesas desnecessárias. Mas não é nada disso. Nem penso em lhe causar prejuízos, ao contrário. O que me agrada

é a surpresa, algo além do esperado. E – preste atenção! – não me incomodo de pagar um pouco mais quando sou surpreendido. Para mim, o mais importante não é 'quanto custa', mas 'quanto vale'. Não estou pedindo nada em troca, apenas reconhecimento."

– Olhe o cliente entregando de bandeja! – comentou Rudolph.
– Agora é a minha vez! – anunciou Kiran.

"Às vezes surgem umas bobagenzinhas para ver se a gente sai do sonambulismo: uma nova camiseta com dizeres sobre a empresa, uma caneca com o nome, uma lembrança do dia de aniversário. Tudo tão comum, genérico, compondo as muitas rotinas da empresa.

Surpreenda-me, é isso que peço!"

– Muito bem, chefe! Espero que tenha ouvido com atenção! – ousou, novamente, Guilhermo, provocando risadas gerais.
– Vamos fazer um novo giro. Malik de novo! – propôs Matilde.
– Ei! E vocês, vão ficar na arquibancada? – provocou Malik, abrindo mão do convite.

A semana havia aproximado muito aquelas pessoas tão diferentes entre si e na hierarquia da empresa, e todos estavam agora bem à vontade. Não eram mais cargos com cargos, mas pessoas com pessoas.

– Então eu desço a campo! – apresentou-se Pedro.

"O esperado é o básico, ou seja, nada mais do que a obrigação. Pão-pão, queijo-queijo. É o que todos os concorrentes fazem. É claro que vou ficar insatisfeito se você não cumprir nem ao menos o básico. Mas o básico, apenas, não vai me satisfazer por completo e nem vai me fazer ficar ligado a você. Correspondeu, e aí? Nada mais do que a obrigação."

– Eis o que eu descobri! – Tania se dispôs a falar.

"Sei que pensa que estou aqui para trabalhar, não para reivindicar. E que devo cuidar das minhas obrigações e deveres. Sou pago para isso, não para sentir e pensar. Mas eu suplico: surpreenda-me! É difícil viver na mesmice e sem engajamento."

– Esse é muito vítima! – classificou Rosário.
– Sem julgamentos! – lembrou Guilhermo, com um sorriso, mas certo de ter passado a mensagem.
– Então é a minha vez! – disse Iolanda.

"O inesperado é o algo mais, nem sempre relacionado ao combinado. Um jeito de servir, a forma de apresentar o produto, um gesto simples, o toque pessoal, o cuidado adicional. As gentilezas fazem milagres. E às vezes um detalhe, apenas um detalhe. Tudo com despojamento e beleza, mas capaz de provocar aquele UAU!, expressão que se diz com brilho nos olhos e alegria no rosto."

– É comigo agora! – prontificou-se Guilhermo.

249

"Olhe bem! Não se trata de algo ostensivo ou demasiado. Não me ocorre, em nenhum momento, arranjar custos para a empresa. Sei que devemos evitar despesas desnecessárias. Mas as surpresas a que me refiro custam menos do que os brindes, mensagens e presentes genéricos que não mexem um milímetro com o meu coração. Elas não me motivam nem empolgam."

– Pego daí! – manifestou-se Bia.

"No fundo o que mais me toca é quando noto que você se esforça ao máximo para me fazer feliz. Você realmente se importa! E é isso que conta para mim: esse seu zelo e interesse.
Você poderia apenas cumprir a sua obrigação e cruzar os braços. Quando você vai além da obrigação, tenho certeza de que se importa comigo e não está de olho apenas no meu dinheiro."

– Sigo na mesma linha – disse Cris, mantendo o fluxo:

"O que verdadeiramente conta são a atenção e o interesse, tudo com simplicidade e beleza. Nada mais nada menos do que uma palavra sincera e bem colocada, um olhar de gratidão, um singelo reconhecimento. Aqui você ganha o meu comprometimento. Quando sinto que realmente se importa comigo, com cada colaborador da equipe, com o cliente e com os combinados. Tudo isso me faz desejar continuar, entregar-me cada vez mais, engajar-me em uma empresa tão diferenciada."

– Quero fechar as súplicas do cliente... – propôs Rudolph.

"Entre o básico e o surpreendente existe uma ponte feita de atenção, interesse, zelo, cuidado, criatividade.
Por exemplo: fico sensibilizado quando você se desculpa ao cometer um erro. Trata-se de um pequeno grande gesto, não muito habitual na maior parte das empresas com as quais me relaciono. Aceito bem o pedido de desculpas. Não espero perfeição e sei que erros acontecem. Embora exigente, não sou insensível."

– E eu, as súplicas dos colaboradores... – finalizou Rosário.

"Sei que me são oferecidas coisas importantes como a remuneração e os benefícios. Essas são obrigações legais e a manutenção do básico, sem os quais não é possível sobreviver. Mas não estou falando de sobrevivência, e sim do que nos faz viver de verdade, vibrar e pulsar pelo que realizamos e do orgulho de poder realizar."

– Espere, ainda não acabou. Ouvimos algo bem parecido de outro colaborador da Zênite... – informou André.

"Não pense em grandes feitos, pense em feitos singelos, mas com muito carinho, respeito e atenção. Não quero pensar em outra empresa. Quero me certificar do quanto é difícil encontrar outra empresa que

me faça sentir tanto orgulho! O que me encanta é o cuidado, a humanidade, a simplicidade de pequenos gestos que fazem toda a diferença. Quando é assim, eu mesmo me torno o principal mensageiro da marca e da boa reputação."

– Então, a saideira! – anunciou Guilhermo.

"Quero me engajar, assumir compromissos, ser responsável e proativo. Todas essas coisas serão naturais se sentir que você se interessa verdadeiramente por mim. Por isso lhe peço: não deixe que eu me enfastie na rotina."

– *Eles* querem e *nós* queremos! Sonho com o dia em que não haverá mais nós e eles – Kiran revelou seu anseio.
– E então? Qual é a súplica? – perguntou Pedro.
– Tanto o cliente como os colaboradores não querem o tédio e a rotina – respondeu Macário.
– Nem o descuido e o desmazelo... – complementou André.
– Eles querem surpresa e reconhecimento... – afirmou, com segurança, Malik.
– E também querem se sentir especiais e únicos... – acrescentou Rosário.
– Querem a inovação, feita com cuidado, gentileza e beleza – indicou Rudolph.
– Então, qual é a súplica? – reiterou Kiran.
– SURPREENDA-ME! – resumiu Pedro.
– Temos muito material de trabalho aqui – admitiu Kiran.
– Muitas coisas para corrigir, renovar, inovar! – afirmou Rudolph.
Kiran, satisfeito e estimulado com a experiência inicial e disposto a estendê-la, constatava que o ambiente havia mudado para muito melhor. O espírito instigante das relações autênticas havia contagiado os diretores de uma forma impressionante. Encerrou a reunião com um anúncio e uma proposta delicada:

– Precisamos preparar a companhia para o Capital Relacional, que vamos lançar na segunda-feira, em toda a empresa. Agora, rezemos pela saúde da mãe de Jarina. Bom final de semana a todos.

55 A CADEIRA VAZIA

Estática, inerte, sem vida. Depois de embalar tantas recordações, boas palavras, sentimentos e ideias, inspiração e esperança, agora jazia solitária e imóvel. Nada havia daquele estado de espírito sincronizado com o vaivém meditativo e apaziguador. Quanta reflexão e aprendizados pairavam no espaço, como lembranças vivas.

Uma lágrima escorreu pelo rosto de Jarina ao passar pela sala e se deparar com a cadeira vazia.

Sozinha e em completo silêncio, ela acabara de se arrumar, depois de uma noite de sono agitado. Às dez da manhã poderia visitar a mãe na UTI. Estava tão ansiosa que, no trajeto, nem reparou nos canteiros floridos – afinal, era primavera. Naquele sábado ensolarado, só conseguia pensar nos momentos que passaria ao lado de dona Áurea, que finalmente poderia receber visitas.

Não tardou a chegar ao quarto, onde finalmente pôde segurar as mãos da mãe, tão silente em seu sono induzido. Só o que ouvia era o zumbido cadenciado do respirador artificial, os sinais dos monitores e o caminhar discreto dos médicos, enfermeiros e auxiliares. Mesmo intubada e pálida, dona Áurea mantinha a tez brilhante e parecia dormir um sono reparador.

A enfermeira se aproximou de Jarina, fez um gesto carinhoso e, olhos nos olhos, disse baixinho:

– Fique tranquila. Ela vai sair dessa.

Foi a melhor coisa que Jarina ouviu durante toda aquela angustiante semana, em que permaneceu quase confinada ao ambiente hospitalar. Tinha pouco tempo para permanecer no quarto até se despedir, beijando a testa da mãe.

Passou pelo corredor ouvindo seus próprios passos e, ao entrar na área de visitantes, teve a grata surpresa de encontrar Pedro.

– Que bom que você veio! – ela o abraçou, emocionada.

– Preferi saber das notícias ao vivo e em cores, além de lhe fazer companhia. Como está dona Áurea?

Enquanto ela começou a contar sobre os prognósticos, ainda nebulosos, porém alentadores, chegaram mais visitantes. Um a um, lá estavam todos os seus colaboradores: Matilde, Robson, Iolanda, Cris, Fernandes, Guilhermo, Rosilda, Bia, Antônia e Glorinha.

O abraço coletivo era o bálsamo salutar, a cura de almas unidas em uma só, algo que agora ela podia definir como uma experiência calorosa, gratificante. Ninguém ficou segurando emoções, todos entregues a lágrimas e sorrisos. Que mistura mais sublime era aquela comunhão humana e divina, em estado de absoluta presença.

Ainda atordoada com tanto carinho, ouviu a porta de vidro se abrir, dando passagem a Kiran. Ele também queria vê-la, em vez de simplesmente ligar em busca de notícias. Nem parecia o mesmo, assim em roupas leves e esportivas, lembrando as que vestia quando abordado por ela no parque, nove semanas antes.

Depois das saudações de praxe, ele disse que precisava ter uma conversa em particular com Jarina. Avisando ao pessoal que voltaria em seguida, foi com o chefe até a lanchonete do hospital, onde ele pediu café e pão de queijo para ambos. Sentaram-se perto da janela e ele foi direto ao assunto:

– Passaram-se as oito semanas...

– Sim, sei disso. E também que não consegui reverter o Índice de Conversão. Devo me demitir?

– É o combinado, e espero que você cumpra o prometido. Eu até imprimi o pedido para que você assine.

Sem esperar qualquer comentário, ele lhe estendeu o documento e uma caneta. Trêmula, ela cumpriu a parte que lhe cabia. Kiran, impassível, tinha mais a dizer:

– Agora, tenho aqui outro documento para você assinar, caso aceite. Quero contratá-la como diretora, a primeira mulher a assumir esse cargo, na Zênite. Com o compromisso de estender o Capital Relacional a toda a companhia, tanto no Brasil como nos Estados Unidos.

Jarina, que antes estava se contendo para não cair no choro de tristeza, explodiu de alegria.

– Meu Deus! É mesmo verdade?

– Sim, e já me entendi com os meus pares na matriz. Segunda-
-feira vou comunicar aos outros diretores.

Kiran se levantou e, pela primeira vez na vida, a abraçou, ele
também com os olhos marejados.

– Agora, tudo o que você tem a fazer é cuidar da sua mãe. Sem
nenhuma pressa. Quando retornar, vamos conversar em detalhes sobre o seu novo desafio. – Mesmo sob forte emoção, ele
manteve o costume de falar pouco e direto ao ponto, antes de se
despedir, satisfeito.

Quando retornou à sala de visitas, com a novidade para contar aos colaboradores, Muacy também a aguardava ansioso, com
um abraço e um beijo apaixonado. Estavam prontos, daquele
momento em diante, para celebrar a vida e o amor em todas as
dimensões, com grandeza e gratidão.

56 CULTURA DE RELACIONAMENTO E RESULTADOS

– Bom dia a todos! Nesta importante manhã de segunda-feira, eu trouxe Pedro para nos acompanhar e me ajudar nos esclarecimentos a respeito do que nos aguarda, depois da nossa gratificante experiência.

O ambiente, mais leve, ainda rescendia aos bons fluidos da semana anterior. Os diretores esperavam reencontrar Jarina, mas foram informados de que ela ainda ficaria um período fora, para acompanhar a recuperação da mãe. Estaria presente de outra forma, em novos detalhes da proposta que apresentara a Kiran e prestes a ser estendida a toda a empresa. Antes de entrar nesse aspecto, ele fez uma breve introdução:

– O mercado muitas vezes parece uma esfinge a nos dizer: decifra-me ou te devoro. Enigmático, irracional, volátil, é algo que nunca compreendemos completamente, a menos que nos empenhemos.

Todos ouviam com atenção, desligados de seus tablets, celulares e computadores.

– Um dos talentos que precisamos desenvolver é a capacidade de enxergar o mercado e dele extrair alguma interpretação. Há quem faça isso com mais lucidez, há quem esteja míope e, por incrível que pareça, há quem permaneça completamente cego diante dele. A Zênite perdeu a lucidez. Vive, atualmente, a crise que resultou em uma postura aristocrática diante do mercado. O que vai nos salvar é o Capital Relacional.

Kiran pediu a Pedro que projetasse o slide preparado para aquele encontro e que discorresse a respeito:

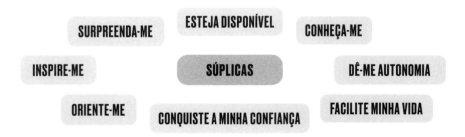

– Compare o mercado com uma sala completamente escura, onde nada se vê. Ao acender uma vela, você já consegue enxergar algo, talvez uma mesa, uma cadeira ou quem sabe até uma estante. Nada muito nítido, tudo bem nebuloso. Você mais deduz do que tem certeza. Então, acende duas velas e é capaz de reconhecer se é mesmo uma mesa e uma cadeira, mas tem dúvida sobre o resto. Pode vislumbrar livros sobre a mesa e na estante, mas não consegue identificar mais que isso. Existe uma penumbra que embaça a vista. Então você resolve acender cinco velas e, agora, distingue, além de mesa, cadeira, estante e livros, um quadro na parede, que antes permanecia oculto na escuridão.

Pedro seguiu com a analogia:

– Acende mais algumas velas e nota a beleza da sala, com tudo o que já constatara, acrescido do tapete no chão e das luminárias no teto, embora ainda persistam umas zonas cinzentas ao fundo. Com a luminosidade de algumas dezenas de velas, aí sim a sala está clara e é um lugar maravilhoso, repleto de cores em vários matizes, mobiliário admirável e objetos decorativos.

– Mudou a sala? – indagou Pedro, para responder em seguida. – Não! Permanece idêntica ao que era antes. No entanto, para quem olha, tudo parece diferente. O que aconteceu? Se a sala é uma metáfora do mercado, a vela é uma metáfora de cada súplica. Quanto mais se obtém informação do cliente, mais se ampliam a percepção, o conhecimento e a consciência.

Os diretores permaneceram atentos, admirados com a desenvoltura de Pedro. Coube a Kiran continuar:

– O mercado, como uma sala escura, nos faz ignorantes e confusos, mas, como uma sala iluminada, nos torna visionários e criativos. Melhor ainda: as crises e as dificuldades são relativizadas quando as luzes se acendem. O mercado deixa de ser ameaçador como era no breu da noite e passa a ser encantador à luz do dia. Graças ao Capital Relacional, expande-se a consciência de como o mercado verdadeiramente é: repleto de oportunidades e possibilidades.

Pedro, em seguida, retomou a palavra:

– O primeiro estágio do Capital Relacional é a atenção, ou seja, colocar a atenção dos gestores onde ela deve estar: nos clientes e nos colaboradores, as fontes mais confiáveis de resultados.

Para complementar a ideia, Kiran acrescentou:

– Onde está o foco de atenção estão os pensamentos, as ideias, as decisões, as ações. E, por decorrência, os resultados. Então podemos concluir que, onde está a atenção, lá está, também, o potencial de produzir os resultados que almejamos. Se a nossa atenção estiver no cliente, como pessoa que busca algum tipo de ajuda ou solução, certamente vamos redobrar nosso cuidado. Estaremos dispostos a compreender suas necessidades, sentimentos e valores, e é esse o foco certo.

– Os resultados futuros estão no aqui e agora... – complementou Pedro, evidenciando o aprendizado com Jarina durante as oito semanas passadas.

– Esmiuçando mais o que Pedro acabou de dizer: em geral exageramos a atenção dada aos resultados que almejamos e esquecemos das pessoas que vão fazer esse resultado acontecer – reforçou Kiran. – Colocar a atenção mais no resultado do que nas pessoas é acreditar que eles acontecem por si mesmos ou por meio de indicadores quantitativos que funcionam como metas. Mas sabemos que não é assim que os resultados acontecem.

– O Índice de Conversão é um exemplo... – lembrou Rosário, o CHRO da companhia.

– O único "recurso" confiável para obtenção e aumento dos resultados ainda é o ser humano, ou seja, as pessoas que nos cercam – esclareceu Kiran. – Os resultados acontecem quando nossos colaboradores têm clareza dos objetivos, se animam com os propósitos, reconhecem as estratégias e compartilham a mesma linguagem.

– A *atenção* é o primeiro estágio do Capital Relacional – rememorou Pedro. – O segundo é o *interesse*, que aciona a *curiosidade*. A nossa experiência no CR é a de querer saber mais, interessar-se verdadeira e atentamente pelo cliente e uns pelos outros.

– Sem dúvida estou interessadíssimo em saber mais sobre as pessoas com quem conversei na semana passada! – confirmou André, o CTO da companhia.

– O terceiro estágio – citou Pedro – é a *conexão entre colaboradores e clientes*, em que o compromisso emocional sela a lealdade de ambos para com a empresa.

– Cliente fidelizado + colaborador comprometido – disse Malik, o CFO da companhia, referindo-se à nova fórmula do lucro.

– O quarto estágio é a *criatividade* – finalizou Pedro. – Inspirados pelos clientes, os colaboradores pensam em ideias e experiências que inspiram os clientes a retornar, sempre.

– Finalmente o Índice de Conversão! – disse Macário, o COO da companhia.

– Agora temos também o ICR! – revelou Kiran, que havia aguardado pelo melhor momento de compartilhar a boa-nova. – O Índice de Capital Relacional será o nosso novo indicador de desempenho, uma métrica inovadora, atendendo ao que a matriz tanto valoriza.

Kiran observou que, com muita frequência, os líderes insistem em tomar decisões sobre as quais eles não têm toda a informação relevante e limitam o poder de tomar decisões para quem, na ponta, têm acesso a essas informações. O CEO ofereceu mais detalhes do instrumento:

– A saída é desenvolver o pessoal da linha de frente por meio de programas de educação e fornecer a eles informações sobre o ICR, para ampliar sua autonomia. O ICR é o novo indicador de gestão e aprendizagem. É um facilitador da gestão, sinalizando às lideranças onde devem atuar. Enquanto atuam, aprendem. Continuamente.

Os diretores ficaram mais entusiasmados ainda com as perspectivas ao obter mais detalhes sobre a métrica.

– Tenho uma boa e uma má notícia – anunciou Kiran, concentrando novamente as atenções. – A boa é que os gestores têm mais tempo do que podem imaginar, o que desmonta sua contumaz reclamação de que precisam de um dia com mais de 24 horas.

Existe, sim, disponibilidade de tempo, mas camuflada, uma vez que eles acabam tendo de lidar com coisas sem importância. A má notícia é que os gestores desconhecem a real importância de sua função, daí lidarem mal com o tempo, as prioridades e os resultados.

Para esclarecer melhor suas concepções, ele simulou um anúncio de emprego totalmente diferente de todos os convencionais:

– Contrata-se gestor que alimente a esperança, afaste o medo, aguce a curiosidade, lance desafios, inspire confiança e ofereça sentido e significado aos colaboradores.

– Me arranje um desses que eu contrato agora! – concordou, entusiasmado, Rudolph, o CMO da companhia.

– De uns tempos para cá, a nossa gestora se transformou – opinou sinceramente Pedro. Não havia modo de descrever Jarina melhor.

– De fato – acrescentou Kiran –, ela nos deu uma lição: se você é líder, saiba que, quando não estiver ligado no cliente, trate de concentrar-se em quem está ligado no cliente, o colaborador.

– Ela nos dizia que o papel do gestor é cuidar das relações – emendou Pedro –, ou seja, promover diálogos de qualidade com a equipe e com os clientes.

– Estamos sentindo falta de Jarina... – reconheceu Malik, falando em nome dos demais diretores.

– Pedro será o novo gestor do CR – informou, solene e oficialmente, Kiran.

Silêncio no ambiente. Ninguém podia imaginar, ainda, o destino da gestora ousada e decidida, até que o CEO comunicou, para espanto e satisfação dos demais:

– Jarina, a mais jovem diretora da companhia, será responsável por instituir e desenvolver o Capital Relacional em toda a empresa, com apoio da tecnologia e por meio de programas de educação.

E, encerrando aquela gloriosa manhã de segunda-feira, declarou em seu estilo sucinto, mas instigante:

– Aqui começa uma nova história!

EPÍLOGO

ONDE ESTÁ, MESMO, A ALMA?

O percurso entre a cidade de São Paulo e o município de Ibiúna era familiar para mim. Havia anos eu o percorria, nas férias de verão, fosse para descanso e restauro, fosse para dar início a um novo projeto de livro.

Naquele mês de março de 2020, em uma calma tarde de domingo, pela primeira vez fui barrado pela Polícia Rodoviária na Raposo Tavares. Encostei meu velho Toyota, acatando imediatamente a ordem – mesmo sem entender o porquê da averiguação, pois dirigia sem pressa, obedecendo à velocidade permitida. Apresentei os documentos, que mantenho atualizados, e me espantei, em seguida, com a solicitação do teste do bafômetro.

Naquela mesma semana, já instalado em um chalé em meio à natureza bucólica, exercendo o ofício da escrita, soube que o teste do bafômetro tinha sido proibido. A razão: a chegada ao Brasil da pandemia do novo coronavírus. Começaria aí o período de quarentena que nos manteria em isolamento social por mais de seis meses, seguido de contida flexibilização.

Capital Relacional foi escrito nesse complicado interregno e levou mais tempo do que o estimado. A quarentena poderia ter contado a favor, oferecendo o tempo necessário para concluí-lo, mas aconteceu justamente o contrário.

A pandemia virou o mundo de ponta-cabeça, e logo me vi obrigado a produzir, além dos artigos habituais, vídeos para meus leitores e seguidores. Em poucos dias, eu e meus parceiros fomos socorridos pela tecnologia, mergulhando no mundo digital, em que participei de várias atividades, entre entrevistas, *lives*, encontros no espaço Zoom e webinários.

Ao testar nossa própria capacidade de adaptação aos novos meios, já recebíamos notícias de empresas que decidiam fechar suas sedes, em parte ou integralmente, optando pelo teletrabalho, ou seja, cada colaborador passou a atuar no amparo de seu lar, com a vantagem de ter mais tempo disponível para a vida familiar.

Não tardou a aparecer quem apregoasse que esse seria o novo modelo de trabalho, com uma sensível e inesperada vantagem: as metrópoles poderiam se descongestionar, com imensa redução do tráfego, em troca de melhor qualidade de vida pela queda dos níveis de poluição do ar. Houve, ainda, quem resolvesse mudar para o litoral ou o interior, para ter mais contato com a natureza, garantindo a continuidade dos afazeres graças ao espaço virtual.

Do lado dos clientes, a suspensão do comércio regular fez com que as empresas introduzissem ou ampliassem o meio eletrônico para realizar suas vendas, aprimorando a logística para garantir as entregas.

A tese do meu livro foi posta em xeque: o relacionamento humano seria mesmo a alma dos negócios? Diante da desaceleração brusca da economia, a premissa perigava, ameaçada pela antítese diária dos negócios que driblavam a quarentena e buscavam caminhos alternativos, apoiados na tecnologia. Sem nenhum contato físico, as pessoas aprendiam o novo jeito de viver e de fazer negócios.

Sim, depois da pandemia do novo coronavírus de 2020, que abalou profundamente a economia do planeta, a vida e os negócios não seriam mais os mesmos. O mundo digital, privilégio de jovens profissionais e de setores modernos da economia, passou a fazer parte da cultura dos negócios, do consultório médico à padaria da esquina.

O que fazer das nossas competências inatas de relacionamento? O que fazer da atenção mútua, aquela que nos coloca em conexão com o outro, mesmo que o silêncio seja a principal presença? E dos olhos nos olhos, a porta de entrada para a empatia? Do revelador tom de voz e da expressão facial, da sincronia dos gestos, da troca de emoções, do sorriso sincero e envolvente?

Além de tudo, havia as oscilações de energia e motivação. Afinal, estávamos vivendo uma "terceira guerra mundial", com número de mortos e feridos aumentando assustadoramente a cada dia. Lembrei-me do grande escritor português Luís Vaz de Camões, que, mesmo durante as batalhas, em uma das quais foi ferido e perdeu o olho direito, deixou como grande legado o poema épico *Os Lusíadas*.

Mas o telefonema de um amigo empresário, naquela manhã de domingo de final de outono, em plena quarentena, deu o impulso que faltava às minhas reflexões e convicções. O diálogo, depois das saudações de praxe, foi mais ou menos assim:

– Até hoje me lembro do seu comentário sobre líderes que passam o dia batucando teclado.

Ele se referia ao que eu dissera há muitos anos, com o intuito de provocar líderes confinados em suas salas enquanto comandavam a operação por meio da tecnologia, olhos fixos na tela do computador e dedos incansáveis na digitação.

– Nunca me relacionei tanto com a minha equipe e os meus clientes como nesses dias de quarentena – ele completou.

Ouvi com alegria. Ele havia trocado a operação pela relação. Precisou da quarentena e do meio digital para viver com intensidade o Capital Relacional.

Em meio ao drama da pandemia, informava-me ainda sobre as ideias vindas da equipe e capazes de irradiar novo fôlego para ultrapassar o obstáculo instalado abruptamente na vida de empresas e pessoas.

Desliguei o telefone mais convicto do que nunca: o relacionamento humano, seja qual for o meio praticado, é – e sempre será – a verdadeira alma dos negócios.

REFERÊNCIAS BIBLIOGRÁFICAS

BOHM, David. *Diálogo*. São Paulo: Palas Athena, 1996.

CHRISTAKIS, Nicholas A. e FOWLER, James H. *O poder das conexões*. Rio de Janeiro: Campus, 2009.

ELLINOR, Linda; GERARD, Glenna. *Diálogo*: redescobrindo o poder transformador da conversa. São Paulo: Futura, 1998.

FREI, Frances e MORRISS, Anne. *Feitas para servir*. São Paulo: HSM, 2013.

GOLEMAN, Daniel. *Inteligência social*. Rio de Janeiro: Campus, 2007.

GRÜN, Anselm e ROBBEN, Ramona. *Estabelecer limites, respeitar limites*. Petrópolis: Vozes, 2005.

KRZNARIC, Roman. *O poder da empatia*. Rio de Janeiro: Zahar, 2014.

MOONEY, Kelly e BERGHEIM, Laura. *Os 10 mandamentos da demanda*. Rio de Janeiro: Campus, 2002.

PETERS, Tom. *A busca do UAU!* São Paulo: Harbra, 1997.

POWELL, John e BRADY, Loretta. *Arrancar máscaras! Abandonar papéis!* São Paulo: Loyola, 1985.

REICHHELD, Frederick F. *A estratégia da lealdade*. Rio de Janeiro: Campus, 1996.

ROSENBERG, Marshall B. *Comunicação não violenta*. São Paulo: Ágora, 2003.

STONE, Douglas, PATTON, Bruce e HEEN, Sheila. *Conversas difíceis*. Rio de Janeiro: Campus, 1999.

TRANJAN, Roberto. *A empresa de corpo, mente e alma*. São Paulo: Buzz, 2020.

TRANJAN, Roberto. *Os sete mercados capitais*. São Paulo: Buzz, 2020.

TRANJAN, Roberto. *Rico de verdade*. São Paulo: Buzz, 2020.

WHEATLEY, Margaret J. *Conversando a gente se entende*. São Paulo: Cultrix, 2002.

WHITELEY, Richard. *A empresa totalmente voltada para o cliente*. Rio de Janeiro: Campus, 1999.

WILLIAMS, Richard L. *Preciso saber se estou indo bem!* Rio de Janeiro: Sextante, 2005.

AGRADECIMENTOS

O livro *Capital Relacional* é resultado de 20 anos de testes, experiências e incessante aprendizado por meio dos programas de educação da Metanoia – Propósito nos Negócios. O tema "relações humanas" sempre esteve presente em nossa filosofia de trabalho, desde que escrevi *A empresa de corpo, mente e alma*, em 1997. De lá para cá, as súplicas de milhares de clientes e colaboradores constituíram o material de trabalho primordial para expandir consciências. Contribuíram, também, para ampliar competências de líderes e equipes de trabalho em centenas de empresas, a ponto de se transformar em um capital, o principal gerador de riquezas nas empresas e negócios.

Nunca estive só nessa jornada de trabalho. Conto com muitos parceiros, a começar por meus sócios na Metanoia, Silvio Bugelli, Alexandre Zorita e Carlos Soares. A eles se soma uma empenhada e primorosa equipe de trabalho, a mais autêntica expressão do Capital Relacional vivido com autoridade e autonomia todos os dias: Ivo Ribeiro, Fabiana Iñarra, Karine Estácio, Herivelto Dias Correa, Karina Pettinatti, Edilza Cavalcante, Malu Vilares, Zilda Fontolan e, em especial, Susi Maluf, que ajudou a instituir o ICR (Índice de Capital Relacional) como o indicador de desempenho para a Nova Economia. A todos a minha gratidão, também pelas contribuições na leitura dos originais.

Um agradecimento, ainda, a Francesco Conventi, autor do conceito da simplesnologia, que transforma a tecnologia em uma parceira amigável, o que muito facilitou a instituição do ICR como indicador de desempenho e resultado.

Da mesma forma, agradeço a Kasuo Yassaka, parceiro na empresa Capital Relacional, e a Cynthia Vieira, pelas contribuições nas leituras preliminares e difusão do conceito como novo modelo de gestão e aprendizagem orientado para os resultados.

Sou grato, ainda, às leituras críticas, pontuais e contributivas de Adriana Spolti Grigol e Carlos Cristhyano Bittarello, do Sicoob MaxiCrédito.

Estendo o mesmo sentimento a Sidnei Strejevitch, do Sicredi União RS, entusiasta da qualidade das relações na cooperativa que preside.

Meus ternos e eternos agradecimentos a Mirian Ibañez, sempre primorosa para com os meus textos e sensível para com as minhas ideias.

A Lenah Bosco, minha dileta leitora das primeiras palavras, quando eram, ainda, apenas intuições.

Meu profundo reconhecimento a Anderson Cavalcante, Tamires von Atzingen, Allan Santiago, Alex Silva e a toda a equipe da Buzz Editora.

Sou extremamente grato aos clientes, colaboradores, parceiros e amigos! Para mim não existe distinção entre eles. Compõem a família humana, da qual faço parte, alimentada por saudáveis relações.

A Maria, companheira de vida, cúmplice de todos os meus projetos...

Gratidão!

facebook.com/RobertoTranjan
Instagram: @robertotranjan
YouTube: Roberto Tranjan
LinkedIn: Roberto Tranjan
www.robertotranjan.com.br
www.capitalrelacional.com.br

FONTES Druk, Register
PAPEL Alta Alvura 90 g/m²
IMPRESSÃO RR Donnelley